Knaur

Margret Schwarz
Jeanette Stark-Städele

Elternratgeber Rechenschwäche

- Wie Sie Dyskalkulie sicher erkennen
- Wie Ihr Kind wieder Spaß an Mathe bekommt

www.knaur-ratgeber.de

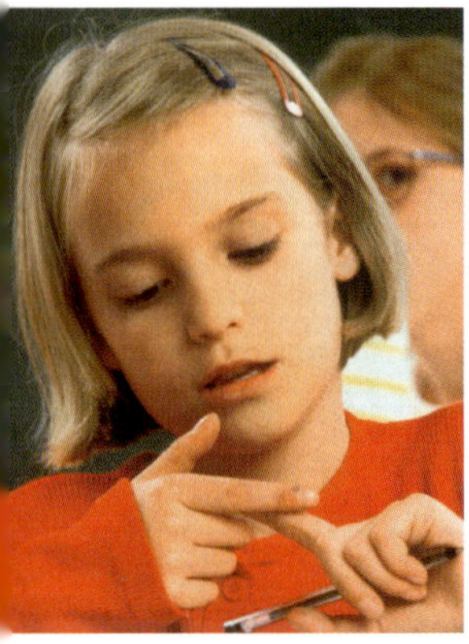

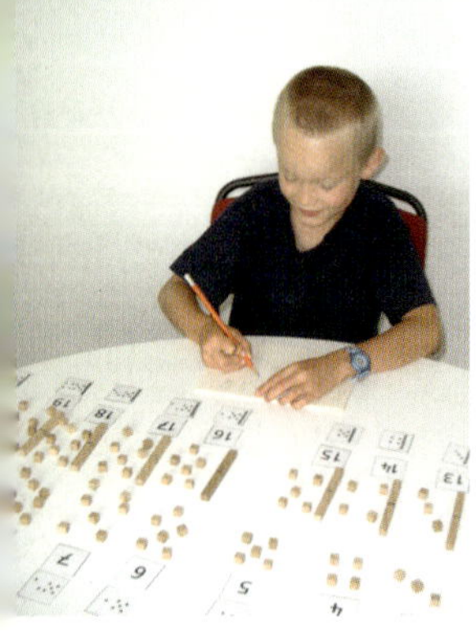

Inhalt

Vorwort

Schwierigkeiten mit der Mathematik sind kein Phänomen des 20. oder 21. Jahrhunderts; sie sind so alt wie die Mathematik selbst. Bereits vor 3000 Jahren untersuchten die Ägypter den isolierten Ausfall arithmetischer Leistungen (Lorenz, 2003). Umso verwunderlicher ist es, dass erst in heutiger Zeit allmählich ein Bewusstsein für den Problembereich »Rechenschwäche, Dyskalkulie, Arithmasthenie« entstanden ist; wohingegen der Begriff »Legasthenie« oder »Lese-Rechtschreib-Schwäche«, abgekürzt LRS, den meisten Menschen vertraut ist.

So gibt es in vielen Ländern bereits seit mehr als 20 Jahren eigenständige Verbände, die die Legasthenieproblematik einer breiten Öffentlichkeit bekannt gemacht haben: die British Dyslexia Association, der Legasthenieverband in Österreich, der Verband Dyslexie in der Schweiz, der Bundesverband Legasthenie in Deutschland und viele andere. In allen deutschen Bundesländern wurden Verwaltungsvorschriften durchgesetzt, die den adäquaten schulischen Umgang mit dem lese- und rechtschreibschwachen Kind regeln.

Schwierigkeiten mit der Mathematik sind so alt wie die Mathematik selbst.

Verwaltungsvorschriften für rechenschwache Kinder wurden dagegen bisher nicht für nötig gehalten. Daher wird bei der Beurteilung der schulischen Gesamtleistungen allzu oft die Schwäche in Mathematik in den Vordergrund gestellt und die Schullaufbahn danach ausgerichtet. Das bedeutet: Rechenschwache Kinder dürfen im Allgemeinen nicht die Schulen besuchen, die ihren sonstigen intellektuellen Fähigkeiten entsprechen (siehe S. 8).

Um eine schulische Gleichbehandlung zur LRS zu erreichen, wurde im Jahr 1990 in Deutschland die IFRK, die Initiative zur Förderung rechenschwacher Kinder, als gemeinnütziger Verein gegründet. Die IFRK hat ihren Sitz in Stuttgart und arbeitet bundesweit.

Als Mutter eines damals rechenschwachen Kindes war Margret Schwarz Mitbegründerin der Initiative, sie arbeitete in den ersten Jahren als Schriftführerin im Vorstand und ist seit 1995 die 1. Vorsitzende. Seitdem setzt sie sich in Form von Vorträgen, Seminaren, als Autorin sowie auf politischer Ebene für die Belange rechenschwacher Kinder ein – und es konnte bereits viel erreicht werden.

Jeanette Stark-Städele machte als Mutter die Erfahrung, dass die Förderung rechenschwacher Kinder in unseren Schulen vernachlässigt wird. Aus erster Hand weiß sie daher, worauf zu achten ist, damit Mathematik kindgerecht vermittelt wird und so das Selbstvertrauen rechenschwacher Kinder dauerhaft gestärkt wird.

Bis die Dyskalkulie als Teilleistungsschwäche schulisch anerkannt ist, liegt es an den Eltern, ihr Kind zu fördern.

Wir betrachten es als eines der wichtigsten Ziele, für rechenschwache Kinder die Anerkennung der Rechenschwäche als Teilleistungsschwäche (vergleichbar mit der Lese-Rechtschreib-Schwäche) in Schule und Öffentlichkeit zu erreichen. Dazu gehört – ähnlich wie bei LRS – neben der Gewährung von Förder- und Hilfsmaßnahmen auch eine individuelle Leistungsmessung und -beurteilung in der Schule (siehe S. 56f.).

Die Initiative zur Förderung rechenschwacher Kinder, IFRK e.V., in Stuttgart wird sich auch in Zukunft darum bemühen, diesen dringend erforderlichen Nachteilsausgleich für das rechenschwache Kind in der Grundschule durchzusetzen.

Solange dieses wichtige Ziel noch nicht erreicht ist, bleibt es aber oft den Eltern überlassen, die Schule über die besondere Problematik der Rechenschwäche zu informieren. Da die wenigsten Schulen in der Lage sind, geeignete Fördermaßnahmen für rechenschwache Kinder durchzuführen, bleibt es dann auch Aufgabe der Eltern, Wege zu finden, damit ihr Kind die dringend notwendige adäquate Förderung bekommt, die geeignet ist, ihm die Grundlagen für das Erlernen der Mathematik zu vermitteln. Dabei möchte dieses Buch den Eltern eine Hilfestellung geben. Dazu werden die verschiedenen Formen der Rechenschwäche, die »typischen Fehler und ihre Ursachen«, sowie häufig vorgenommene Testverfahren vorgestellt sowie hilfreiche Wege des Rechnenlernens und bewährte Materialien zum Verständnis mathematischer Rechenoperationen erklärt.

Wir wünschen Ihnen und Ihrem Kind guten Erfolg!

Margret Schwarz
Jeanette Stark-Städele
September 2005

Was ist Rechenschwäche?

»Dyskalkulie« – Schwierigkeiten mit der Rechenoperation, »Arithmasthenie« – Schwierigkeiten mit der Zahl bzw. der Zahlvorstellung oder einfach »Rechenschwäche« –, diese Begriffe werden in der Literatur zumeist synonym verwendet und meinen alle dasselbe: Probleme mit dem Rechnen, mit dem Verständnis einfachster Rechenoperationen.
Die Weltgesundheitsorganisation definiert im ICD 10, dem internationalen Klassifikationsschema psychischer Störungen, Rechenschwäche als »Störung«, die »eine umschriebene Beeinträchtigung von Rechenfertigkeiten (beinhaltet), die nicht allein durch eine allgemeine Intelligenzminderung oder eine eindeutig unangemessene Beschulung erklärbar ist. Das Defizit betrifft die Beherrschung grundlegender Rechenfertigkeiten wie Addition, Subtraktion, Multiplikation und Division, weniger die höheren mathematischen Fertigkeiten, die für Algebra, Trigonometrie, Geometrie und Differenzial- sowie Integralrechnung benötigt werden.«

Rechenschwäche: eine Teilleistungsschwäche

Die IFRK definiert »Rechenschwäche« folgendermaßen:
»Es handelt sich um eine Teilleistungsschwäche im mathematischen Bereich, die durch ein chronisches Versagen in Mathematik gekennzeichnet ist, während in anderen Fächern durchaus durchschnittliche bis sehr gute Leistungen gezeigt werden können. Sie äußert sich durch fehlendes mathematisches Begriffsvermögen, insbesondere mangelnde Vorstellung von Zahlen und Mengen sowie mangelndes Verständnis für Zahloperationen.«

Die Teilleistungsschwäche zeigt sich durch eine mangelnde Vorstellung von Zahlen und Mengen sowie fehlendes Operationsverständnis.

Wir haben es also mit einer »Teilleistungsschwäche« zu tun. Die Schwäche bezieht sich lediglich auf einen Teilbereich der schulischen Leistungen, nämlich den mathematischen.
Die Feststellung der Diskrepanz innerhalb des schulischen Leistungsspektrums ist also eine Feststellung, die zur Definition von »Rechenschwäche« unbedingt dazugehört. Wir müssten sonst von einer allgemeinen Lernschwäche sprechen.
Das soll nicht heißen, dass allgemein lern- und deshalb eben auch rechenschwache Schüler keiner Förderung bedürfen. In unserem mehrgliedrigen Schulsystem sind diese Schüler aber – im Gegensatz zu Grundschülern

mit einer isolierten Rechenschwäche – in der Obhut des Förderpädagogen in der Förderschule in der Regel gut aufgehoben; es sei denn, sie haben auch hier trotz der Förderpädagogik besondere Schwierigkeiten beim Rechnenlernen und eventuell auch eine Diskrepanz in ihrer Begabung. Da nicht alle Förderpädagogen auf den Umgang mit Rechenschwäche vorbereitet sind, bedarf ein Förderschulkind daher in besonderen Fällen trotz Förderschule auch einer zusätzlichen Rechentherapie.

Ein rechenschwaches Kind

Laut der Weltgesundheitsorganisation ist ein rechenschwaches Kind (mindestens) normal intelligent, weist aber trotz angemessener Beschulung eine Störung auf, die es daran hindert, die Grundrechenarten zu begreifen. Werden ihm diese vermittelt (auf einem Weg, den es begreift), so ist das Verständnis für die höhere Mathematik gesichert; es sind hier keine besonderen Schwierigkeiten mehr zu erwarten.

Schwache Rechenleistung – normale Intelligenz

Die Leistungen in den anderen Schulfächern sind zumeist durchschnittlich bis sehr gut.

Ob schwach, normal oder hochintelligent: Für die Vorgehensweise in der mathematisch-didaktischen Rechentherapie spielt das nur eine untergeordnete Rolle. Denn die Frage nach der Intelligenz des Kindes liefert keine Hinweise für den erforderlichen Förderansatz. Wohl ist damit jedoch erfahrungsgemäß ein Hinweis auf die Therapiedauer verbunden: Hat ein normal intelligentes Kind einen Zugang zur Mathematik gefunden, kommt der Erfolg oft überraschend schnell.

Lässt man aber das Diskrepanzkriterium »schwache Rechenleistung trotz (mindestens) normaler Intelligenz« außer Acht, so könnte leicht der Eindruck entstehen, Rechenschwäche hätte etwas mit verminderter Intelligenz oder gar Dummheit zu tun. Genau das ist aber eine Zuweisung, die ein rechenschwaches Kind weder verdient hat noch gebrauchen kann. Rechenschwach ist ein Kind, das trotz mindestens normaler Intelligenz auf dem bisherigen Bildungsweg keinen adäquaten Zugang zur Mathematik gefunden hat. Diesen Zugang gilt es zu finden, denn: Rechenschwäche muss nicht sein!

Woran erkennt man Rechenschwäche?

Anhand von zwei Fallbeispielen soll im Folgenden aufgezeigt werden, wie Rechenschwächen entstehen, sich entwickeln und verlaufen können. Durch konkrete Beispiele und anhand authentischer Situationen können Eltern am leichtesten eine Vorstellung von der Problematik bekommen und gegebenenfalls Rückschlüsse auf den eigenen Fall ziehen.

Jede Rechenschwäche hat ihre eigene Ausprägung.

Es soll aber auch gezeigt werden: Jede Rechenschwäche ist anders. In der Regel ist ein Bündel von Bedingungsfaktoren für eine Rechenschwäche verantwortlich. Dieses Bündel sieht bei jedem Kind anders aus. Das Gleiche gilt für die Erscheinungsformen: Jedes rechenschwache Kind hat seine eigene Ausprägung. Dazu gehören die Lernausgangslage, die fachbezogene Fehlertypologie sowie in den meisten Fällen auch eine Sekundärsymptomatik. Es gilt, anhand der Symptome die Ursachen herauszufinden, um einen adäquaten Hilfeplan erstellen zu können, der sich dann unter Umständen auf verschiedene therapeutische Bereiche beziehen muss (siehe S. 38).

Diese ersten grundlegenden Überlegungen sollten von den Eltern selbst angestellt werden; sie kennen ihr Kind am besten.

Die Eltern sind es daher meistens auch, die als Erste beunruhigt sind, wenn ihr Kind so große Schwierigkeiten im Fach Mathematik hat, dass es aufgrund von ständigen Misserfolgserlebnissen ein insgesamt negatives Selbstbild entwickelt und eine ungestörte Persönlichkeitsentwicklung sowie eine seinen Begabungen angemessene Schullaufbahn gefährdet sind. Die Eltern sind es in der Regel, die als Erste Förder- und Hilfsmöglichkeiten suchen, meistens lange bevor die Lehrerin oder der Lehrer den Problemfall erkennt.

Die beiden folgenden Zitate aus Elternbriefen sollen diesen von vielen Eltern erfahrenen Umstand verdeutlichen:

»Meine Tochter hat seit zwei Jahren Probleme beim Rechnen. Da ihre Noten in anderen Fächern gut bis sehr gut sind, konnte ich mir keinen Reim daraus machen, wieso sie in Mathematik solche Schwierigkeiten hat. Letzte Woche wurde Dyskalkulie bei ihr festgestellt. Wir haben eine sehr nette und befähigte Psychologin ausfindig gemacht. Sie führte die erforderlichen Tests durch.

Trotz ihrer überdurchschnittlichen Intelligenz wird meine Tochter erst mal die Hauptschule besuchen müssen. Ich bin gespannt, was in den nächsten Jahren auf uns zukommt; denn auf dem »Lande« existiert Dyskalkulie im Vokabular der Lehrer noch gar nicht. Diese Kinder sind einfach minderbegabt.«

Eine andere Mutter schreibt:

Die psychische Belastung für das rechenschwache Kind ist sehr groß.

»Der Bericht in einer Elternzeitschrift hat mir Mut gemacht, mich nochmal auf den Weg zu machen, um Hilfe für meine achtjährige Tochter zu finden, nachdem ich bereits viele Gespräche geführt habe.

Bisher bin ich überall nur auf Unverständnis gestoßen. Ich war bei den Lehrern, den Schulpsychologen, Heilpädagogen und beim Neuropädiater. Überall hieß es, ich würde die Probleme überbewerten.

Nun ist Lena bereits in der dritten Klasse und hat immer noch keinen Bezug zu Zahlen und Mengen. Sie kann nur »rechnen«, was sie auswendig gelernt hat. Zum Beispiel kann sie 6 x 4 rechnen, weil sie die Viererreihe auswendig gelernt hat; doch auf die Frage, wie viele Beine sechs Kühe haben, weiß sie keine Antwort.

Ein weiteres Problem ist, dass sie jede Aufgabe aufs Neue mit den Fingern abzählen muss und eine Lösung nicht übertragen kann, z.B.:
6 + 2 = 8 und 16 + 2 = 18.

Bei Klassenarbeiten und Wochenplänen reicht die Zeit nicht aus. Die neue Lehrerin zeigt gar kein Verständnis und schreibt jedes Mal knallhart ein »Mangelhaft« und »Du musst mehr üben« darunter.

Meine Tochter ist hochsensibel und bezieht eine schlechte Note auf ihre gesamte Person. Ihr bisschen Selbstbewusstsein ist mittlerweile so sehr zerstört, dass sie sich noch nicht mal mehr traut, ihre Lösung zu sagen oder aufzuschreiben: Sie könnte ja falsch sein. Sie reagiert mit Bauchschmerzen, Kopfschmerzen, Schwindeligsein und Nägelkauen auf die Situation. Ihre Lehrerin ist keine Hilfe; sie weiß weder, was Dyskalkulie ist, noch zeigt sie überhaupt Interesse daran. Es ist zum Verzweifeln.«

Wissenschaftlich konnte nachgewiesen werden, dass Rechenschwäche – im Unterschied zu den meisten übrigen Lernstörungen – bei Mädchen häufiger anzutreffen ist als bei Jungen (vgl. Klauer, 1992). Allerdings leiden Jungen meist noch stärker als Mädchen unter ihrem Unvermögen in

Mathematik, da dieses Fach in der öffentlichen Meinung als männliche Domäne angesehen wird, in der das männliche Geschlecht dem weiblichen als deutlich überlegen gilt.

Christian – ein typischer Fall

Christian kommt als Frühchen zur Welt. Nach achtmonatiger Schwangerschaft wird ein zu niedriger Fruchtwasserspiegel bei der Mutter festgestellt und die Geburt wird eingeleitet.

Bei der Geburt wiegt Christian 2470 g. Er muss eine Woche künstlich beatmet werden. Zur weiteren Behandlung wird er an ein sozialpädiatrisches Zentrum (SPZ) überführt, wo eine Sepsis festgestellt und behandelt wird, die er sich im vorherigen Klinikum zugezogen haben muss. Ansonsten wird kein besonderer Befund erhoben, sein Entwicklungsstand scheint normal, sodass er nach Hause entlassen werden kann.

Christians weitere Entwicklung verläuft unauffällig und altersgemäß. Er krabbelt mit neun Monaten, und mit 15 Monaten kann er laufen. Bei der Sprachentwicklung fällt auf, dass er keine Babysprache benutzt: Mit 19 Monaten kann er richtige Sätze sprechen.

Probleme mit dem Rechnen zeichnen sich schon früh ab.

Mit dreieinhalb Jahren kommt er in den Kindergarten, wo er gute Kontakte zu den anderen Kindern entwickelt und beliebt ist.

Im Alter von vier Jahren wird vom Kinderarzt eine Gleichgewichtsproblematik festgestellt und daher eine ergotherapeutische Behandlung verordnet, der sich das Kind gern unterzieht. Die Balanceschulung ist erfolgreich: Christian kann schließlich ohne Stützräder Fahrrad fahren. Da auch sonst keine Entwicklungsverzögerungen festgestellt werden können, spricht nichts gegen eine Einschulung mit sechs Jahren.

Unglücklicherweise hat Christian kurz vor der Einschulung einen schweren Unfall, der eine umfangreiche Operation am rechten Arm nötig macht. Christian bekommt einen Gips, den er länger als zwei Monate tragen muss. Bei seinen ersten Schreibversuchen ist er daher stark gehandicapt. Erschwerend kommt hinzu, dass er aus Sicherheitsgründen in der Pause nicht an den Spielen auf dem Schulhof teilnehmen darf und so in der frühen Schulzeit, in der sich erste Freundschaften bilden, in eine Außenseiterrolle gerät.

Die Lehrerin geht auf die Probleme des Kindes nicht ein; sie ermahnt es ständig zu schnellerem Schreiben, zu schnellerem Arbeiten und verweist es dabei auf die Klassenkameraden, die schon viel mehr Aufgaben geschafft haben. Damit er sich besser konzentrieren könne, wird er allein in eine Bank nach hinten gesetzt. Christian entzieht sich dem Druck, indem er so oft als möglich während des Unterrichts, wohl auch aus Angst, die Toilette aufsucht. Einmal kommt er besonders spät von der Toilette zurück, weil er den Hosenknopf nicht aufbekam und ihn abriss. Daraufhin wird er von der Lehrerin vor der gesamten Klasse bloßgestellt.

Es ist für das Kind sehr schlimm, wenn vor den Klassenkameraden bloßgestellt wird.

Dieses Erlebnis, zusammen mit den immer wiederkehrenden Ermahnungen der Lehrerin (»Du musst schneller werden, schau mal, wie weit die anderen schon sind«) führen dazu, dass das Kind zu Hause fast ständig weint und nachts nicht schlafen kann. Christian glaubt, dass er von der Lehrerin gehasst wird, und sagt auch, dass er selbst die Lehrerin hasst. Auch die Freunde bemerken, dass Christian von der Lehrerin nicht gemocht wird. Schule macht ihm keine Freude mehr.

In einem persönlichen Gespräch mit der Mutter beklagt sich die Lehrerin über das Verhalten des Kindes: die häufigen Toilettengänge, das langsame Arbeitstempo, fehlendes Einhalten von Regeln. Sie zweifelt an der Schulreife des Kindes und rät den Eltern zu einer Untersuchung in einem sozialpädiatrischen Zentrum, um etwaige Entwicklungsrückstände abzuklären. Die Eltern vereinbaren dort einen Termin.

Der testpsychologische Befund ergibt einen Gesamt-IQ von 103 +–, damit eine gute Gesamtintelligenz; eine fehlende Schulreife kann nicht festgestellt werden. Christian ist völlig altersgemäß entwickelt. Es wird lediglich eine Heilgymnastik verordnet, um die Motorik des gebrochenen Arms und die Feinmotorik der betroffenen Hand zu verbessern.

Daraufhin ändert die Lehrerin ihre Einschätzung des Kindes, das sie ursprünglich als unterdurchschnittlich in allen Fächern beurteilt hatte, und rät der Mutter von dem Vorhaben ab, das Kind in eine Grundschulförderklasse zurückzuschulen. Der Mutter gegenüber zeigt sie sich aufgeschlossen und freundlich.

Die der Mutter vermittelte positive Einstellung kann sie offenbar jedoch nicht auf das Kind übertragen. Christians Leistungen lassen in der Folgezeit immer mehr nach, vor allem im Fach Mathematik. Christian rechnet zählend, indem er mit den Fingern den Arm herauf zählt, er lernt Rechnungen und ganze Rechenfolgen auswendig. Diese Methoden sind zeitaufwändig und fehlerträchtig. Schließlich bewältigt er daher nicht einmal mehr die Aufgaben, die er zu Beginn der ersten Klasse schon gekonnt hatte.

Trotz der schlechten Leistungen in Mathematik rät die Lehrerin von einer Wiederholung der ersten Klasse ab – mit dem Hinweis auf das gute Testergebnis vom SPZ.

In der zweiten Klasse tritt keine Besserung ein. Die Mutter versucht, die Lehrerin in mehreren Gesprächen immer wieder auf die fehlende Motivation des Kindes aufmerksam zu machen, die sie in der mangelnden Zuwendung der Lehrerin zum Kind sieht: Sie beklagt, dass das Kind niemals – wie die anderen Kinder – ein Lob bekommt, kein lachendes Gesicht für die gut gemachte Hausaufgabe, keine positive Bemerkung unter die Mathematikarbeit, keinen aufmunternden Blick.

Christian verliert die Freude an der Schule, er weint häufig, wird aggressiv und völlig demotiviert.

Die anschließenden Bemühungen der Lehrerin, ihr Verhalten gegenüber dem Kind zu ändern, das Kind durch positive, aufmunternde Bewertungen zu motivieren, sind jedoch immer nur von kurzer Dauer. Christian fällt nun durch Nägelkauen, durch häufiges Weinen, durch Inaktivität, ja sogar Aggressivität auf. Schließlich ist er so demotiviert, dass er bei den Mathematikarbeiten immer weniger Aufgaben bearbeitet und am Ende leere Blätter abgibt.

Nach Absprache mit der Lehrerin wird eine Beratungslehrerin eingeschaltet. Diese vermutet, nachdem sie das Kind ausführlich getestet hat, aufgrund der schlechten Leistungen in Mathematik und deutlich besseren Leistungen in den übrigen Bereichen, eine Rechenschwäche, verursacht durch Demotivation aufgrund des fehlenden Vertrauens zur Lehrerin. Sie rät zur Rückstellung in die erste Klasse und zur Aufarbeitung der Rechenschwäche.

Christian hat das Glück, dass er nach der Rückführung in die erste Klasse eine verständnisvolle Lehrerin bekommt, durch die er wieder zum Lernen motiviert wird. Seine schulischen Leistungen stabilisieren sich insgesamt; er erbringt teilweise, beim Lesen, im Sachkundeunterricht oder beim Sport, sogar überdurchschnittlich gute Leistungen.

Auch in seiner Freizeit ist er an allerlei Aktivitäten interessiert: Er macht gern Mathespiele, interessiert sich für das Sammeln von Bildern, für Tie-

Ein Lehrerwechsel ist manchmal Voraussetzung, dass das Kind eine neue Chance bekommt.

re. Außerdem fährt er gern Fahrrad, geht ins Jugendhaus und in den Sportverein. Offensichtlich hat der Lehrerwechsel ihm gut getan. Er ist wieder fröhlich und selbstbewusst. Seine Eltern atmen auf.

Die zu diesem Zeitpunkt zur Abklärung des Dyskalkulieverdachts durchgeführte Untersuchung in einem SPZ ergibt eindeutig eine Dyskalkulie. Im Mosaiktest (Prüfung von visueller Wahrnehmung) hat Christian zwar altersentsprechende Werte. In der ZAREKI (Neuropsychologische Testbatterie für Zahlenverarbeitung und Rechnen bei Kindern, siehe S. 56f.) hat er einen Gesamtpunktwert von einem Prozentrang unter 1, damit eine ausgeprägte Rechenstörung. Außerdem wird eine grafomotorische Koordinationsstörung festgestellt.

Auch der anschließend in einem Institut zur Therapie der Rechenschwäche durchgeführte Test weist auf eine Arithmasthenie – eine Rechenschwäche – hin. In diesem Testergebnis heißt es:

»Christian erkennt räumliche Positionen und deren Beziehungen nicht sicher. Seitigkeiten und Spiegelungen machen ihm Probleme. Das Körperschema ist nicht altersentsprechend.

Der Umgang mit Größen (Mengen, Längen) ist sowohl handelnd als auch kognitiv gestört. Umkehrungen, Analogieschlüsse gelingen nicht; ebenso ist ein Transfer auf ähnliche Aufgabenstellungen nicht möglich. Christian hat keine Mengenvorstellung von der Zahl: Sein Zahlenverständnis ist rein ordinal, d. h., das Rechnen wird zählend mit den Fingern erledigt.

Ein Operationsverständnis hat er nur bei konkreter Anschauung. Eine Übertragung von Texten in mathematische Zusammenhänge gelingt nicht. Christian hat keine Vorstellung vom Stellenwert, erkennt auch unsinnige Lösungen nicht.«

Das Institut rät zu einer integrativen Arithmasthenietherapie, um die mathematischen Schwierigkeiten zu beheben und einer psychischen Fehlentwicklung vorzubeugen, und es empfiehlt, einen Antrag auf Eingliederungshilfe nach §35a Jugendhilfegesetz bei der zuständigen Behörde zu stellen (siehe S. 133ff.).

Um keine Zeit zu versäumen, bekommt Christian zwischenzeitlich einmal pro Woche privat Förderunterricht durch eine Lehrerin, die das Kind im Handlungsrechnen unterweist. Durch diesen individuellen Förderunterricht mit dem altbewährten Cuisenaire-Material erwirbt sich Christian in

relativ kurzer Zeit (einige Wochen) ein recht gutes Zahl- und Operationsverständnis.
Der anschließend an einer »Beratungsstelle für Kinder mit Schwierigkeiten in Mathematik« durchgeführte Test ergibt keine Rechenschwäche. Eine Therapie sei daher überflüssig, urteilt die Professorin der Pädagogischen Hochschule.
Da auch die neue junge Lehrerin der jetzigen zweiten Klasse nach einer Rücksprache mit der Professorin für die gesamte Klasse ein konkretes Lernmaterial einführen will, sind die Aussichten für Christian gut: Durch konkretes Handeln auch im Schulunterricht wird er seine mathematischen Vorstellungen weiter festigen können und aller Wahrscheinlichkeit nach in weiter aufbauendem Mathematikunterricht keine Probleme mehr haben.

Das Beispiel von Christian zeigt:

Eine gewisse Disposition, in der Schule Lernprobleme zu bekommen, wurde wahrscheinlich bereits durch die zu frühe Geburt begünstigt und war auch im Vorschulalter erkennbar. Christian hatte Probleme mit dem Gleichgewicht, weshalb ihm eine Ergotherapie verordnet wurde. Er hatte auch Probleme mit der Seitigkeit sowie im feinmotorischen Bereich.
Die eigentliche Rechenschwäche-Problematik entwickelte sich jedoch naturgemäß erst in der Schule, vor allem in der Konfrontation mit einer Lehrerin, zu der das Kind keine vertrauensvolle Beziehung entwickeln konnte. Christian fühlte sich von der Lehrerin nicht angenommen und bezog sein Unvermögen, gute Leistungen in Mathematik zu erbringen, allein auf sich selbst. Dadurch konnte eine gewisse Disposition erst voll zum Ausbruch kommen.
So konnte aber auch der Wechsel in der Lehrperson schon ein kleines Wunder bewirken, da damit ein wesentlicher Auslöser für die Rechenschwäche bereits wegfiel.
Christians schnelle Erfolge im handelnden Rechnen lassen vermuten, dass er die vom Rechenschwäche-Institut festgestellten Defizite schon durch den Einsatz von konkretem Rechenmaterial weitgehend überwinden kann und eine zusätzliche, längere Förderung vermutlich nicht erforderlich ist.

Durch eine frühzeitige Intervention kann eine Rechenschwäche nachhaltig verbessert werden.

Corinna – ein Elternbericht

Corinnas Geburt verläuft ganz normal. Auch während der Schwangerschaft gab es keine Probleme. In der Kleinkindzeit wird Corinna weitgehend von ihrer Oma betreut, da die Mutter ihre Berufstätigkeit wieder aufnimmt. Corinnas Oma ist – wie die meisten Omas – sehr gewissenhaft und besorgt um das Kind. Corinna wird daher besonders behütet, Gefahren werden möglichst von ihr fern gehalten. Vielleicht ist das der Grund, dass sie sich zu einem sehr ängstlichen Kind entwickelt und auch keine gute Alltagsgeschicklichkeit entwickelt: Corinna stolpert oft, wirft Gegenstände um oder ist einfach ungeschickt.

Als sie mit drei Jahren in den Kindergarten kommt, hat sie große Trennungsängste in Bezug auf die Mutter, akzeptiert aber schließlich diese Einrichtung.

Als Corinna fünf Jahre alt ist, wird ihr Brüderchen geboren. Corinna hatte zunächst mit Ablehnung auf die Schwangerschaft der Mutter reagiert. Die Rolle des Einzelkindes hatte ihr gut gefallen. Als das Geschwisterchen aber da ist, ist sie stolz und zeigt sich als liebende Schwester.

Eine große Umstellung ist es für sie, als die Familie von der bisherigen Wohnung in ein Haus umzieht. Glücklicherweise macht ihr die Freude auf ein eigenes Zimmer den Umgebungswechsel erträglicher.

Die frühen Lebensumstände des Kindes können zur Ausbildung einer Rechenschwäche beitragen.

Unglücklicherweise hat die Oma zu diesem Zeitpunkt einen schweren Unfall, wodurch sie, halbseitig gelähmt, auf einen Rollstuhl angewiesen ist und intensiver Pflege bedarf: Corinna muss ihr heiß geliebtes neues Zimmer für mehrere Monate an die Oma abtreten. Die Veränderung, die die Oma nach dem Unfall zeigt, und der Verzicht auf das eigene Zimmer setzen dem Kind sehr zu. Auch der neue Kindergarten, den sie jetzt besuchen soll, gefällt ihr überhaupt nicht. Sie wird aggressiv und weint fast ständig, wenn sie dort sein muss.

Doch mit dem Schuleintritt ändert sich ihr Verhalten von Grund auf: Corinna fühlt sich jetzt als ein richtiges Schulkind; sie zeigt sich in der Schule von Anfang an als ein wissbegieriges, lernwilliges Kind, das gern lernt und ein gutes Verhältnis zu den Mitschülern und zum Lehrer hat.

Ihre Probleme im Bereich Mathematik beginnen zum Ende des ersten Schuljahres im Zahlenraum bis 20. Subtraktionsaufgaben werden unter

Schwierigkeiten gelöst. Rechenwege werden nur schwer erkannt. Auffällig ist das seitenverkehrte Schreiben von Ziffern und das häufige Verrechnen um +/–1. Corinna hat massive Probleme beim Zehnerübergang. Ihr Arbeitstempo ist recht langsam; sie wird daher immer wieder von der Lehrkraft aufgefordert, durch zusätzliches Üben die Rechenwege zu verinnerlichen und das Arbeitstempo zu steigern. Sie entwickelt nun Angst vor dem Rechenunterricht und zeigt überhaupt keine Lust mehr am Lernen.

Gravierend und noch auffälliger werden die Probleme zu Beginn des zweiten Schuljahres. Der Zahlenraum bis 100, in dem mittlerweile gerechnet wird, ist für sie nicht mehr übersehbar. Konzentrationsschwächen treten auf. Subtraktionsaufgaben kann sie kaum allein lösen und auch nur mithilfe von Arbeitsmitteln wie Zahlenstrahl, Hundertertafel und mit Fingerrechnen. Selbstständiges Erledigen der Hausaufgaben ist unmöglich. Selbst die einfachsten mathematischen Grundlagen können ihr trotz täglichen zusätzlichen Übens nicht vermittelt werden. Mit Mühe erarbeitetes Wissen ist am nächsten Tag nicht mehr vorhanden.

Der Zehnerübergang und die Erweiterung im Zahlenraum bis 100 sind für rechenschwache Kinder oft nicht überschaubar.

Die Freude am Unterricht ganz allgemein lässt gravierend nach. Aus Angst, Fehler zu machen oder ausgelacht zu werden, beteiligt sie sich kaum noch mündlich am Unterricht. Der Klassenlehrer rät den Eltern mehrmals, noch mehr mit ihr zu üben und den Lernstoff zu wiederholen. Fast immer enden die Übungsstunden und Hausaufgaben jedoch mit Tränen und Frustration über das eigene Versagen. Schlaflose Nächte und Bauchschmerzen, teilweise Erbrechen vor den Rechentests sind mittlerweile die Regel, abgesehen davon, dass die Ergebnisse dieser Lernzielkontrollen natürlich ungenügend ausfallen.

Neue Aufgaben lehnt Corinna nun konsequent ab, in dem Glauben, sie sei sowieso dumm und würde doch nur versagen. Allen gegenüber wird sie entweder sehr still oder aggressiv, kaut Fingernägel und Lippen blutig. Ihre Nervosität ist unübersehbar.

Nachdem die Eltern sich bewusst werden, dass sie nicht mehr in der Lage sind, das Kind zu fördern oder zum Lernen zu motivieren, machen sie sich auf die Suche nach einer Nachhilfe für Corinna. In einem Förderinstitut wird Corinna auf eine Rechenschwäche hin getestet.

Der Test bestätigt die Vermutung der Eltern, und Corinna wird nun zur Förderung in diesem Institut angemeldet.

Demotivation, Frust, psychosomatische Beschwerden stellen sich oft als Folge der ständigen Negativerlebnisse ein.

Bis zum Ende des zweiten Schuljahres erhält das Kind pro Woche eine Förderstunde, die von einer Mathematikstudentin durchgeführt wird. Corinna wird nach Beginn der Förderung auch wieder etwas zuversichtlicher, nachdem die Eltern versucht hatten, ihr begreiflich zu machen, dass sie auf gar keinen Fall ein Versager und dumm sei, sondern eine Rechenschwäche hätte und eine spezielle Art von Rechenunterricht bräuchte. Ihre Zuversicht ist jedoch nur von kurzer Dauer. Die Lehrkraft ist zwar hoch motiviert, aber im Umgang und in der Förderung rechenschwacher Kinder noch unerfahren und auch nicht in der Lage, auf den desolaten psychischen Zustand des Kindes einzuwirken. Nach sechs Monaten ist sie nach eigenen Worten »mit ihrem Latein am Ende«.

Der Mathematiklehrer von Corinna, der zwischenzeitlich durch die Eltern über Corinnas Rechenschwäche und die damit verbundene Problematik informiert wurde, versucht nach besten Kräften, sie im Unterricht zu unterstützen; eine spezielle Förderung ist ihm jedoch nicht möglich. Er erklärt den Eltern, wie sehr sich Corinna seit dem Schuleintritt verändert und zurückgezogen hat. Aus einem fröhlichen, ausgeglichenen und wissbegierigen Kind ist innerhalb eines Jahres ein zurückhaltendes, verunsichertes, mit sich selbst unzufriedenes und oft sehr aggressives Mädchen geworden, das von Versagensängsten erfüllt, nur noch ungern zur Schule geht und sich nicht mehr am Unterricht beteiligt.

Die Eltern haben sich in dieser Zeit intensiv mit der Rechenschwäche-Problematik auseinander gesetzt, sind einer Elterninitiative (der IFRK) beigetreten und haben Kontakt zu einem pädagogisch-psychologischen Institut aufgenommen, das zur Durchführung einer integrativen Lerntherapie rät. Die Eltern versuchen es.

Zur Therapeutin, einer sehr warmherzigen Frau, die schon seit 20 Jahren mit Kindern arbeitet, fasst Corinna sofort Vertrauen. Bei ihr herrscht immer eine ruhige, entspannte Atmosphäre, ohne Erfolgsdruck, aber mit vielen Erfolgserlebnissen, die ihr die Eltern zu Hause einfach nicht mehr vermitteln konnten. Die Therapeutin versteht es, das Kind wieder zum Lernen zu motivieren und aufzubauen. Die Aufgaben sind auf ihre Möglichkeiten abgestimmt; es wird sehr viel mit Anschauungsmaterial gearbeitet und auch spielerisch vermittelt. Das riesige Zahlenchaos wird langsam ein kleines, überschaubares Häufchen. Es geht ganz, ganz langsam, aber sehr kontinuierlich voran. Die Therapeutin zeigt ihr, dass nicht die Anzahl der Fehler wichtig ist. Wichtig ist nur, dass sie auch vieles richtig macht. Kurz, es geht Corinna wieder etwas besser. Erste Erfolge im Rechenunterricht stellen sich ein, weil sie wieder Zutrauen zu sich selbst und zu ihren Fähigkeiten gefasst hat.

Der Mathematiklehrer unterstützt sie nach einigen Gesprächen mit den Eltern (die einfach nicht locker lassen), so gut es geht. Corinna darf die Hausaufgaben, wenn es ihr an den Therapietagen zu viel wird, später nachholen. Leider nimmt sie diese Vergünstigung nicht an; wie sollte sie ihren Mitschülern auch, ohne aufzufallen, erklären, dass nur sie die Aufgaben zwei Tage später machen darf?

Was sie allerdings positiv empfindet, ist, dass sie die Lernzielkontrollen und Mathematikarbeiten außerhalb des Klassenverbandes, in einem anderen Raum, unter Aufsicht einer Lehrerin schreiben darf. Dabei darf sie auf die Hilfsmittel, die sie noch braucht, wie Zahlenstrahl oder konkretes Material, zurückgreifen. Und sie darf länger an den Aufgaben arbeiten als die anderen Kinder. (Manchmal reichen die Pausen aus, manchmal hat sie statt 45 Minuten 90 Minuten Zeit zur Verfügung.) Und sie kann nicht ständig schauen, wie weit die anderen schon sind; das hätte sie nämlich extrem nervös gemacht.

Manchmal erfordert es mehrere Versuche, bis eine Therapie Erfolg bringt.

Schon die erste Arbeit, die auf diese Weise erledigt wird, fällt wesentlich besser aus. Die Zufriedenheit darüber ist ihr anzusehen. Auch in den anderen Fächern kann sie sich steigern, und vor allem kommt ihr Selbstvertrauen wieder. Seitdem gibt es vor den Arbeiten keine Bauchschmerzen und keine schlaflosen Nächte mehr. Das Nägelkauen lässt auch nach.

Zwischendurch gibt es immer wieder Perioden, in denen Corinna an sich zweifelt, Blockaden hat und alles ganz schrecklich findet. Es ist für alle keine leichte Zeit, aber der Aufwand lohnt sich: Die Beurteilung, die sie am Ende der dritten Klasse bekommt, beweist, dass der Tiefpunkt überwunden ist. Die Leistungen in allen Fächern werden besser.

Weiterhin werden Doppelstunden in der Therapie gemacht. Auch in den Schulferien gibt es nur kurze Pausen. Das Notenzeugnis bringt schließlich in Mathe eine Drei; darauf sind alle sehr stolz. Am Ende der vierten Klasse bekommt Corinna die Empfehlung: Realschule bzw. Gesamtschule. Sie muss nicht auf die Hauptschule gehen.

In der Gesamtschule, die Corinna im Anschluss besucht, gelingt es ihr, sich gut in der neuen Klasse zu integrieren, und sie hat keine Schwierigkeiten mehr mit dem anstehenden Lernstoff.
Nach einem weiteren halben Jahr wird die Therapie mit vollem Erfolg beendet; und die Familie nimmt mit einem lachenden und einem weinenden Auge Abschied von der Therapeutin.
Corinna genießt jetzt ihre zusätzliche Freizeit, auf die sie lange verzichtet hat. Sie hat bis heute keine Schwierigkeiten mehr, dem Unterricht zu folgen. Sie hat ihre Noten in fast allen Fällen, nicht nur in Mathe, gehalten bzw. noch verbessert, worauf sie sehr stolz ist. Und sie hat wieder zu sich selbst gefunden. Immer wieder gibt es zwar Zeiten, wo es lange dauert, bis der Knoten bei der einen oder anderen Aufgabe geplatzt ist; aber sie lässt sich dadurch nicht beirren. Und die Eltern reden ihr immer und immer wieder gut zu.

Durch verschiedene Faktoren kam bei Corinna die Disposition zur Ausbildung einer Rechenschwäche zum Tragen.

Was zeigt dieser Elternbericht? Er macht deutlich, dass Corinnas Disposition, eine Rechenschwäche zu entwickeln, offensichtlich durch prägende Erfahrungen im Vorschulalter ausgelöst wurde:
Überbehütung durch die Oma, die sie daran hinderte, im Alltag genügend Erfahrungen zu machen, um später in der Schule mathematische Konzepte entwickeln zu können, Trennungsängste in Bezug auf die geliebte Mutter, die sich als Unsicherheit in Kindergarten und Schule, hier besonders im Fach Mathematik, bemerkbar machte, und schließlich ein Mathematiklehrer, der zwar der Problematik gegenüber insgesamt aufgeschlossen war, eine gezielte Förderung aber nicht leisten konnte.
So blieb den Eltern letztlich nur die Möglichkeit, durch professionelle psychologische und mathematik-didaktische Betreuung Abhilfe zu schaffen. Das gelang nicht zuletzt auch aufgrund der kontinuierlichen ermutigenden Begleitung, mit der sie ihrer Tochter während der gesamten Therapiedauer zeigten, dass sie immer an die Stärken ihres Kindes glaubten. Und es bedurfte zweier »Therapieanläufe«. Auch die ausdauernden Bemühungen der Eltern, den Mathematiklehrer ihrer Tochter von der Notwendigkeit einer Therapie zu überzeugen, zahlte sich schließlich aus, sodass der Therapieerfolg durch eine einfühlsame Kooperation mit der Schule erleichtert wurde.

Ein wichtiger Rat

Die Eltern von Corinna raten allen Eltern, nicht aufzugeben und sich in jedem Fall professionelle Hilfe zu holen. Ohne diese Hilfe hätte es Corinna ihrer Meinung nach nicht so weit geschafft. Sie raten, hartnäckig zu bleiben bei der Durchsetzung der Wünsche bei den Ämtern, und mit Langmut und Ausdauer die Lehrer der Kinder zu überzeugen. Und vor allen Dingen, die Kinder immer wieder und wieder zu ermutigen, dass sie es schaffen werden.

Erste Hinweise auf eine Rechenschwäche

Wie wir schon sagten: Jede Rechenschwäche ist anders, es gibt keine einheitliche Fehlertypologie. Einige Merkmale, die unbedingt beachtet werden sollten, treten allerdings der Erfahrung nach bei fast allen rechenschwachen Kindern auf und können daher als erste Hinweise auf das Vorliegen einer Rechenschwäche verstanden werden:

Bestimmte Merkmale weisen in vielen Fällen auf eine Rechenschwäche hin.

- Zählendes Rechnen (meistens mit den Fingern) auch noch im dritten Schuljahr.
- Keine Simultan- bzw. Quasisimultanerfassung der Zahlen bis 10 am Ende des ersten Schuljahres.
- Gliederungsmöglichkeiten im Zahlenbereich bis 10 sind nicht spontan abrufbar, sie sind nicht automatisiert (Ende erstes Schuljahr).
- Der Zehnerübergang macht Probleme (zweites Schuljahr).
- Bündeln und Entbündeln ist schwierig (zweites Schuljahr).
- Umgang mit der Uhr und mit Geld fällt schwer.
- Abschätzen von Größen ist nicht möglich.
- Fantasieergebnisse fallen nicht auf.
- Überschlagen von Rechnungen gelingt nicht.
- Auswendiglernen wird als Kompensation eingesetzt.
- Üben bringt keinen Erfolg.

Näheres dazu finden Sie in Kapitel 3 unter »Mögliche Fehlertypen bei Rechenschwäche«. Entsprechende Hinweise sollten durch geeignete Tests überprüft werden.

Was tun bei Verdacht auf Rechenschwäche?

Wird rasch Hilfe gesucht, können langfristige Probleme für die Schullaufbahn des Kindes meist verhindert werden.

Durch die zunehmende Sensibilisierung von Eltern und Lehrkräften werden rechenschwache Kinder glücklicherweise heute immer früher und immer öfter als solche erkannt; die Dunkelziffer ist nicht mehr so hoch wie in der Gründungszeit der IFRK.

Mit dem Erkennen der Rechenschwäche eines Kindes sind die Probleme allerdings nicht behoben; denn nur wenige Grundschulpädagogen können eine differenzierte individuelle Förderung im Klassenverband leisten. Die Eltern sind somit meistens auf sich gestellt, wenn ihr Kind gezielte Hilfe bekommen soll. Leider sind dabei, wie bereits ausgeführt, die Informationsmöglichkeiten geringer, da die Rechenschwäche, im Unterschied zur Legasthenie, noch viel weniger als Teilleistungsschwäche bekannt ist und daher viel seltener diskutiert wird; damit werden auch Fördermöglichkeiten viel seltener allgemein bekannt.

Dieses Buch soll den Eltern auf der Suche nach Diagnose und Therapie ihres Kindes ein Wegbegleiter sein: Es soll ein rechenschwaches Kind – bzw. dessen Eltern – begleiten: von den ersten Überlegungen: »Ist mein Kind vielleicht rechenschwach?«, bis zur Diagnosestellung, von der gesicherten Diagnose bis zur Auffindung von adäquaten individuellen Förder- und Hilfsmöglichkeiten.

Ist die Problematik bewusst gemacht und eine ungefähre Vorstellung, wie die Rechenschwäche sich äußert, entstanden, sollten Eltern sich mit den möglichen Ursachenbereichen auseinander setzen, um zu klären, inwieweit das Kind außer der immer notwendigen besonderen didaktischen Begleitung weiter reichender Unterstützung bedarf. Viel Druck wird dabei schon von Eltern und Kind genommen, wenn erst einmal geklärt ist, dass das Kind nicht einfach »dumm« ist, sondern eine spezifische – therapierbare – Schwäche hat. Diese Entlastung ist unerlässlich, damit das Kind wieder Vertrauen zu sich selbst fassen kann, das sich dann in der Therapie in kleinen Erfolgsschritten stabilisieren kann.

Des Weiteren gilt es, Möglichkeiten der Früherkennung von Lernstörungen bzw. von Rechenschwäche sowie geeignete präventive Maßnahmen für den Vorschulbereich kennen zu lernen, die gemeinsam mit dem Kind durchgeführt werden können.

Letztendlich soll gezeigt werden, was Eltern nach der Einschulung des Kindes selbst tun können: sowohl prophylaktisch, damit Rechenschwächen erst gar nicht oder zumindest nicht so schwer wiegend entstehen, als auch ausgleichend, damit Kindern mit Rechenschwäche – in Zusammenarbeit mit der Schule – geholfen werden kann.
Der große Übungsteil in diesem Buch entspricht dabei dem Wunsch vieler Eltern nach detaillierten Anregungen für sinnvolles Üben. Schließlich gilt es noch, in besonders schweren Fällen, außerschulische Wege der Hilfe zu finden, wenn schulische und elterliche Hilfe nicht ausreichen – auch dazu finden Sie in diesem Buch Hinweise.

Wie entsteht eine Rechenschwäche?

Rechenschwäche ist keine Krankheit; darüber sind sich alle Fachleute einig. Es gibt für das Phänomen kein einheitliches Erscheinungsbild, wie das bei Krankheitsbildern gewöhnlich der Fall ist, sondern jedes Kind weist andere ursächliche Faktoren auf. Die verschiedenen Faktoren lassen sich jedoch übergreifenden Ursachenbereichen zuordnen.

Bei den vielen Faktoren, die für die Ausbildung einer Rechenschwäche eine Rolle spielen, spricht man auch von einem Ursachenbündel oder – wegen der Verzahnung der Faktoren – von einem Ursachengeflecht. Und dem gemäß sieht jede Rechenschwäche auch anders aus. Die Bedingungsfaktoren stehen in einer Wechselwirkung zueinander. Wenn nicht erkannt wird, auf welche Weise diese verschiedenen Faktoren für die Lernproblematik zusammenwirken, entsteht bald ein allgemeiner »Teufelskreis Lernstörung«. Daher müssen die bedingenden Faktoren bei jedem Kind sorgfältig diagnostiziert und individuell gewichtet werden, um dann eine Behandlung einleiten zu können, die den »Teufelskreis« durchbrechen kann.

Grundlegend unterscheiden wir die folgenden drei Ursachenfelder, die das Entstehen einer Rechenschwäche beeinflussen und begünstigen können (Schwarz, 1999). Diese sind:

1. organisch-neurologische Ursachen,
2. psychische, soziale, emotionale Ursachen,
3. schulische, didaktische Ursachen.

Die einzelnen Ursachenfaktoren lassen sich diesen drei Feldern zuordnen; sie sind in dem Mindmap auf S. 26 in strukturierter Form dargestellt.

Die Rechenschwäche ist eine multikausale Lernstörung.

Organisch-neurologische Ursachen

Unter organisch-neurologischen Ursachen versteht man Ursachen, die im Kind selbst liegen, d.h., die das Kind mitbringt. Man nennt sie auch primäre Ursachen.

Dazu gehören neben den Erbanlagen auch

- Schwangerschafts- und Geburtskomplikationen,
- Alkohol- und Nikotinmissbrauch, Drogen während der Schwangerschaft, Plazenta-Insuffizienz, Infektionen der Mutter während der Schwangerschaft sowie
- perinatal erworbene Ursachen, z.B. Sauerstoffmangel bei der Geburt.

Rechenschwäche – mögliche Ursachen auf einen Blick

Rechenschwäche

Psychische, emotionale, soziale Ursachen

Konkretes Umfeld

- Unstrukturierter Tagesablauf
- Beengte Wohnverhältnisse
- Fehlen von Bewegung
- Unübersichtlicher, ungeordneter Arbeitsplatz
- Hoher Medienkonsum

Beziehungsprobleme und negative Erlebnisse: Familie, Freunde, Erzieher, Lehrer

- Leistungsdruck
- Hänseleien, Schmähungen
- Ungerechtigkeiten
- Trennungs-, Verlustängste

Erziehungsfehler

- Erzieherische Vernachlässigung
- Zu hohe Erwartungshaltung
- Erziehung zur Unselbstständigkeit
- Perfektionismus
- Leistungsdruck
- Überbehütung, Gefahrenvermeidung
- Fehlen von Gesprächszeit

Organisch-neurologische Ursachen

Erbanlagen

Schwangerschaftskomplikationen, Geburt

- Alkohol, Nikotin, Drogen während der Schwangerschaft
- Plazenta-Insuffizienz
- Sauerstoffmangel während der Geburt
- Absinken des Blutzuckerspiegels nach der Geburt
- Infektion der Mutter während der Schwangerschaft

Frühkindliche Entwicklung

- Hirnleistungsschwächen
- Wahrnehmungsdefizite
- Fieberhafte Erkrankungen im frühen Kindesalter
- Entwicklungsverzögerungen und -störungen
- ADS
- Epilepsie

Schulische, didaktische Ursachen

Infolge von Schulsituationen

- Häufiger Lehrerwechsel
- Zu große Klassen
- Fachfremder Unterricht
- Gespannte Lernatmosphäre

→ Angst

Lehrkraftbedingt

Pädagogische Mängel

- Keine Berücksichtigung des pädagogischen Ermessensraums
- Kein Nachteilsausgleich
- Kein Lob

→ Misserfolg, Frust, Demotivation

- Orientierung an den Schwächen
- Beschämung, Bloßstellung
- Inadäquater Umgang mit dem Fehler

→ Negatives Selbstbild

Didaktische Mängel

- Fehlende Passung des Unterrichts an den Entwicklungsstand des Kindes
- Keine Lernstandsdiagnose
- Fehlende Prozessdiagnostik
- Mangelnde Fachkompetenz
- Keine veranschaulichenden Mittel
- Denkwege vorgeschrieben
- Kein aktiv entdeckender Unterricht

Störungen in der frühkindlichen Entwicklung

- Defizite in den basalen Funktionen der Wahrnehmung, die mit Hirnleistungsschwächen einhergehen und neuronale Entwicklungsverzögerungen und im Anschluss Beeinträchtigungen der kognitiven Fähigkeiten zur Folge haben.
- Damit verbunden sind die sog. »Soft signs«: unscharfe neurologische Symptome aufgrund von Entwicklungsstörungen der motorischen Funktionen und sensorischen Auffälligkeiten. Die sensorische Integration ist in diesen Fällen nicht abgeschlossen.
- In diesen Zusammenhang gehört ADHS, die Aufmerksamkeitsdefizit-Hyperaktivitätsstörung (auch ADHD – Attention-Deficit-Hyperactivity-Disorder) oder ADS, die auch Aufmerksamkeitsdefizitsyndrom, POS, psycho-organisches Syndrom, MCD (minimale cerebrale Dysfunktion), genannt wird und als Störung im Reizfilterzentrum des Gehirns infolge eines Mangels an den sog. hemmenden Neurotransmittern und einem zu hohen Spiegel der weiterleitenden Transmitter, also als eine Art Stoffwechselstörung im Gehirn, angesehen wird.
- Fieberhafte Erkrankungen im frühen Kindesalter.
- Epilepsie.

Kleine Störungen in den Wahrnehmungsfunktionen können zu weit reichenden Problemen in den kognitiven Leistungen führen.

Psychische, emotionale, soziale Ursachen

Dieses Ursachenfeld beinhaltet umweltbezogene Faktoren, die auf das Kind negativ einwirken und eine seelische Beeinträchtigung zur Folge haben. Diese Faktoren können im zwischenmenschlichen Bereich persönlicher Beziehungen liegen (Familie, Freunde, Erzieher).

Wir finden sie aber im Besonderen auch im pädagogischen Bereich (Erziehungsfehler, Umgang mit dem Kind).

Und sie können durch Einflüsse des konkreten Umfelds oder auch der Lebenssituation entstehen.

Prägungen durch Störungen in zwischenmenschlichen Beziehungen

Zu den prägenden Umwelteinflüssen gehören auch negative Erlebnisse, die von den Eltern unter Umständen gar nicht als solche bewusst wahrgenommen oder entsprechend gewichtet werden. Sie können einem Kind jedoch erheblich zusetzen und seine Einstellung zu Zahlen und zum Rechnenlernen beeinträchtigen.

Ungerechtigkeit, das Gefühl der Zurücksetzung kann eine Abwehrhaltung, die sich auch in der Mathematik äußert, verursachen.

Dazu gehören z.B. eine vom Kind als ungerecht empfundene Zuteilung von Taschengeld. Wenn der große Bruder, weil er älter ist, mehr bekommt, fehlt dem Kind vielleicht diese Begründung. Geld (oder auch Besitz) wird von einem rechenschwachen Kind oft mental mit Zahlen verbunden; das Kind bekommt bei der Empfindung von Ungerechtigkeit in diesem Bereich eine Abwehrhaltung zu Zahlen und damit zur Mathematik.

Dazu gehören auch Hänseleien und Schmähungen, Schuldzuweisungen, die das Kind durch Eltern, Geschwister oder auch Freunde im häuslichen Umfeld erleidet. Diese Zurückweisungen wiegen umso schwerer, als das Kind den häuslichen Raum nicht als geborgenes Umfeld erlebt, in den es sich bei Schulstress zurückziehen kann.

Besonders Kinder mit Lernproblemen brauchen Gesprächszeit mit den Eltern, nicht nur für das Besprechen von Problemen bei den Hausaufgaben, sondern auch für die Aussprache bei Beziehungsproblemen im Elternhaus, in der Schule, im Freundeskreis. Diese Gesprächszeit sollte dem Kind Sicherheit vermitteln, das Gefühl geben, angenommen zu sein, auch wenn es Schwierigkeiten gibt.

Das Kind stärken

Eltern sollten ihrem Kind zeigen, wo seine Stärken liegen und ihm immer wieder bewusst machen, dass sie an es glauben. Eine solche Rückenstärkung kann Wunder bewirken.

Auch Trennungsängste können bei der Ausprägung einer Rechenschwäche eine Rolle spielen: Wenn Eltern sich trennen wollen, muss das Kind auf einen Elternteil, zumindest zeitweilig, verzichten. Dem Kind wird etwas weggenommen, das es nie freiwillig hergeben würde: einen sehr kostbaren Besitz. Ebenso kann der Verlust eines Elternteils oder eines nahen Angehörigen oder sonstigen nahe stehenden Menschen durch Tod oder Unfall bei der Entwicklung einer Rechenschwäche eine Rolle spielen.

Fehler in der Erziehung

Dass eine erzieherische Vernachlässigung und damit mangelhafte Betreuung und unzureichende Förderung eines Kindes Schulprobleme und Lernstörungen zur Folge haben kann, ist allgemein bekannt. Dass aber auch das Gegenteil, nämlich zu große Fürsorge, Überbehütung, Vermeidung von Gefahren, Perfektionismus von Eltern und Erziehern ebenso negativ wirken können, machen wir uns oft nicht bewusst.

Kindern, die von allen Gefahren fern gehalten werden, nimmt man damit auch einen Erfahrungsraum. Erfahrungen im Bereich von Berührung und Bewegung können manchmal natürlich auch etwas schmerzhaft sein; solange keine irreparablen Schäden entstehen, sind es jedoch immer positive Erfahrungen, die das Kind befähigen, seinen Lebensraum besser einzuschätzen und kognitive Fähigkeiten zu erwerben, die später in der Schule als wichtige Lernvoraussetzung dienen.

Negative Erlebnisse verschiedenster Art können sich auch auf die mathematischen Leistungen auswirken.

Kinder, deren Eltern zu Perfektionismus neigen, werden nicht nur zur Unselbstständigkeit erzogen, sondern auch wesentlicher Lernerfahrungen beraubt, wenn Tätigkeiten wie das Schleifebinden der Schuhe, das Zuknöpfen des Mantels, das Packen des Ranzens, das Spitzen des Bleistifts abgenommen werden, weil das Kind immer so lange braucht oder weil die Tätigkeiten nicht so richtig gelingen.

Ebenso kann eine hohe Erwartungshaltung von Eltern und Erziehern einen Leistungsdruck erzeugen, der das Kind blockiert und frustriert und ihm erst recht keine Leistung ermöglicht.

Störungen im konkreten Umfeld

Zu den umweltbedingten Beeinträchtigungen zählt man auch beengte Wohnverhältnisse, die keine bewegungsreichen Spiele zulassen. Auch die Angst, die Nachbarn zu stören, kann zu einer Bewegungsverarmung führen, die die Entwicklung hemmt. Seit Jean Ayres' wegweisendem Buch »Bausteine der kindlichen Entwicklung« wissen wir, dass Lernen und Bewegung eng zusammengehören.

Auch für die Hausaufgabenzeit gilt: Bewegung tut Not. Die Aufmerksamkeitsspanne beträgt 15 Minuten beim Schulanfänger, beim Grundschüler 20 Minuten, beim Zehn- bis Zwölfjährigen 25 Minuten, 30 Minuten bei Jugendlichen und Erwachsenen. Daher sollten während der Hausaufgaben-

Ein Kind muss eigene Erfahrungen machen können, auch wenn sie manchmal ein bisschen wehtun.

zeit immer wieder kurze Pausen eingelegt werden, die sinnvoll durch Bewegung an frischer Luft genutzt werden sollten (Träbert, 2003).
Des Weiteren gilt es, den Medienkonsum auf ein vernünftiges Maß zu beschränken. Erlebnisse aus der Konserve vermitteln keine echten Erfahrungen und führen oft zu Nervosität und Konzentrationsmangel.
Zu den Störfaktoren aus der Umgebung des Kindes gehören außerdem fehlende Strukturen im Alltag. Kinder brauchen einen regelmäßigen Tagesablauf mit Fixpunkten: feste Zeiten für das Aufstehen, für Mahlzeiten, für die Hausaufgaben, für das Zubettgehen. Hilfreich sind daher auch Rituale im Tages-, Wochen- oder Jahreslauf (Träbert, 2003).
Nützlich und wichtig ist auch ein aufgeräumter, übersichtlicher Arbeitsplatz, wo alles zur Hand ist, was man für die Hausaufgaben braucht, und wo nichts ablenkt.

Schulische, didaktische Ursachen

Das schulisch-didaktische Ursachenfeld ist naturgemäß das wichtigste; schließlich handelt es sich bei der Rechenschwäche um ein schulisches Problem. Die Didaktiker der Mathematik an unseren Hochschulen haben das Problem »Rechenschwäche« daher schon seit vielen Jahren zu einem hausgemachten Problem erklärt, dem mit geeigneten didaktischen Methoden beizukommen ist. Prof. Gerster, PH Freiburg, nennt es daher auch Lehr-Lernschwierigkeiten, wenn ein Kind die Mathematik nicht begreift, und führt das auf eine **fehlende Passung des Unterrichts an den Entwicklungsstand des Kindes** zurück: Das Kind wird nicht dort abgeholt, wo es bei der Einschulung steht, und auch im weiteren schulischen Verlauf wird nicht kontinuierlich förderdiagnostisch überprüft, auf welchem individuellen Leistungsstand sich das rechenschwache Kind befindet (Gerster, 1997).
Zwar ist es bei der Unterschiedlichkeit der Entwicklungsstände der heutigen Erstklässler nicht einmal verwunderlich, dass der Anfangsunterricht nicht allen Kindern gerecht werden kann, dennoch, oder vielleicht gerade deshalb, wird von Seiten der Hochschulen die Forderung nach einer besseren Ausbildung und Fortbildung der Grundschullehrer zunehmend gestellt. Zu den schulisch-didaktischen Faktoren gehören neben der besonders

hervorzuhebenden lehrkraftbedingten mangelnden Passung des Unterrichts noch weitere Bedingungen:

- **Eine inadäquate Schulsituation:** Häufiger Lehrerwechsel und damit häufiger Wechsel von Unterrichtsstilen: Das rechenschwache Kind kann keine mathematischen Vorstellungen aufbauen.
- **Zu große Klassen**: Es ist keine individuelle Betreuung, geschweige denn Einzelförderung möglich.
- **Vernachlässigung des Rechnens zugunsten von Lesen und Schreiben:** Nach Auskunft der Pädagogischen Hochschulen wird das Fach Deutsch von den Studierenden deutlich bevorzugt, sodass etwa 90 Prozent der Lehrerinnen und Lehrer das Fach Mathematik in der Grundschule fachfremd unterrichten.
- **Fehlen einer druckfreien Lernatmosphäre:** Die schulische Situation vermittelt Druck; es wird verkannt, dass nur eine stressfreie, entspannte Umgebung einem Kind das Denken und Problemlösen ermöglicht. Aber genau das wird im Fach Mathematik erwartet. Man denke an die jüngsten Ergebnisse der Gehirnforschung (Spitzer, 2002).

Die lehrkraftbedingten ursächlichen Faktoren lassen sich unterscheiden in pädagogische und didaktische Mängel.

- **Pädagogische Mängel:** Misserfolgserlebnisse im Rechnen mit nachfolgendem Frust sowie Demotivation werden vom Lehrer nicht pädagogisch aufgefangen.
- **Beschämung durch Klassenkameraden, Eltern, Lehrer:** Man denke an den Schamschock, der ein Kind verstummen lässt und sein Denken nachhaltig blockiert (an der Tafel, bei Rechenwettspielen).
- **Orientierung an den Schwächen des Kindes statt an den Stärken:** Dazu gehört auch ständige Demotivation durch fortwährenden Tadel statt durch aufmunterndes Lob.
- **Fehlende Berücksichtigung des pädagogischen Ermessensspielraums:** Pädagogische Noten werden nur sehr selten erteilt, das Kind wird nicht an seinem eigenen Lernfortschritt gemessen, z. B. durch eine verbale Beurteilung, sondern an der Klassennorm. Es bekommt nicht die Aufgaben bei einer Klassenarbeit, die es lösen kann, sondern die Aufgaben, die alle Schüler der Klasse lösen müssen, und es bekommt auch nicht mehr Zeit zugestanden als die anderen Kinder. Das bedeutet:

Wünschenswert ist, dass an jeder Schule besonders für das Problem qualifizierte Lehrkräfte zur Verfügung stehen.

Die notwendige Entlastung für den Zeitraum einer Therapie entfällt, obwohl beispielsweise das Kultusministerium Baden-Württemberg ausdrücklich die Empfehlung ausspricht, dass der pädagogische Ermessensspielraum im konkreten Einzelfall von den Lehrkräften ausgenutzt werden sollte (siehe S. 56f.).

- **Verteufelung des Fehlers**: Fehler sind unerwünscht. Es wird nicht gesehen, dass das Lernen aus Fehlern ein sehr effektives Lernen ist.
- **Didaktische Mängel:** Fehlende Fachkompetenz des Lehrers (fachfremder Unterricht), mangelnde Kompetenz des Lehrers in Bezug auf Diagnostik und Förderung bei Vorliegen von gravierenden Schwierigkeiten in Mathematik (Lernstandsdiagnostik, Prozessdiagnostik, qualitative Fehleranalyse) sowie fehlende Passung des Unterrichts an den Entwicklungsstand des Kindes. Denkwege werden vorgeschrieben, es ist kein aktiv entdeckendes Lernen möglich.
  Konkrete Veranschaulichungsmittel werden – wenn überhaupt – nur über eine kurze Zeit eingesetzt. Das Handlungsrechnen hat keine Bedeutung. Dadurch fehlt eine Basis für die Vorstellung.
  Schulische zusätzliche Förderung wird in kleinen oder auch größeren Gruppen durchgeführt, indem der Unterrichtsstoff nochmals in der gleichen Weise wie im Unterricht wiederholt wird. Das nützt nur Kindern, die vorübergehende Schwierigkeiten haben. Ein rechenschwaches Kind braucht jedoch grundsätzlich Einzelförderung, die den jeweiligen Lernstand berücksichtigt und auf seine Denkwege eingeht.

Triple-Code-Modell nach Dehaene

Ein Kind, das einen Fehler selbst gefunden hat, sollte besonders gelobt werden.

In den letzten Jahren ist die Bedeutung neurologischer Vorgänge im Gehirn für die Ausbildung von Teilleistungsschwächen immer deutlicher geworden. Auch bei der Rechenschwäche spielen gewisse »andersartige« Verarbeitungsvorgänge im Gehirn eine Rolle. Den heutigen neurologischen Forschungsstand in Bezug auf die Rechenschwäche zeigt das Triple-Codé Modell nach Dehaene (1992) auf.

Aufgrund von Ausfällen bei der kognitiven Zahlenverarbeitung nach Hirnverletzungen folgert Dehaene: Bei Erwachsenen »ist ein modular gegliedertes und über beide Hemisphären verzweigtes System für die Verarbei-

tung und den Gebrauch von Zahlen zuständig.« (Mit einem Modul bezeichnet die kognitive Psychologie eine Funktionseinheit, die Aufgaben automatisiert und mit großer Geschwindigkeit ausführt.)
Dehaene beschreibt in seinem architektonischen Modell drei Module, die für die Zahlenverarbeitung zuständig sind:

Bestimmte Bereiche im Gehirn sind für spezifische Rechenleistungen zuständig.

	1. Modul	2. Modul	3. Modul
Inhalt, Bedeutung	Zahlensinn, Semantik der Zahl	Visuell arabische Präsentation der Zahlen, z.B. 13	Auditiv-sprachliche Repräsentation von Zahlen, z.B. dreizehn, sprachprozess-orientiert
Lokalisierung	Gyrus angularis (Windung im Großhirn)	Beide Hemisphären (Hälften) des Gehirns	Linke Hirnrinde
Funktion	Analoge Repräsentation der Mächtigkeit von Mengen	Arabische Zahlen lesen und schreiben	Zahlen in Wortform hören, lesen, sprechen, schreiben
Zuständigkeit	Vergleichen, Abschätzen, Überschlags-rechnen, Bestimmung am Zahlenstrahl	Operieren mit Zahlen, schriftliches Rechnen	Kopfrechnen, Zählen, Speichern, Einmaleins

Rechenschwäche und Bewegungsauffälligkeiten

Die Motopädie sieht die Voraussetzung für das Entstehen von Lernstörungen bzw. Rechenschwäche in einer Restsymptomatik frühkindlicher Bewegungsmuster.
Die Bewegungen eines Säuglings werden im ersten Lebensjahr weitgehend von Reflexen gesteuert, die nach erfolgter sensorischer Integration wieder verschwinden. Bleiben Reste dieser Reflexe bestehen, werden die gezielten und willentlich ausgeführten Bewegungsabläufe gestört; die

Reflexe wirken sich in vielfältiger Weise auf Wahrnehmungs- und Wahrnehmungsverarbeitungsstörungen aus.

Restreaktionen müssen mühsam kompensiert werden, was eine erhöhte Aufmerksamkeit und Energie erfordert, die im Alltag und beim Lernen fehlt (Kesper, 2002).

Störungen der sensorischen Integration

Viele Verhaltensprobleme und motorische Schwierigkeiten, die trotz guter Intelligenz und ausreichender Förderung auftreten, sind eine Folge solcher Restreaktionen. Sie gehen einher mit einer Störung der sensorischen Integration; d.h. die Informationen aus den verschiedenen Sinneskanälen werden nicht koordiniert und nicht zu einer Ganzheit verarbeitet.
Im Folgenden werden einige Beispiele dieser frühkindlichen Bewegungsmuster beschrieben (nach Gudrun Kesper, 2002):

Moro-Reflex

Moro ist der bekannte Schreckreflex, eine unwillkürliche Reaktion auf Gefahren: Der Säugling hebt die Arme und schreit, wenn er fallen gelassen wird. Ist der Moro-Reflex über die ersten vier Lebensmonate hinaus wirksam, so ergeben sich folgende Störbilder:

- Überempfindlichkeit gegenüber Geräuschen, Berührung, Licht, Temperatur, Schmerz. (Das Moro-Kind sollte sich seinen Platz in der Klasse selbst aussuchen können.)
- Pupillenerweiterung: Kontrast von Schwarz und Weiß wird als verwirrend wahrgenommen (Erschwernis beim Abschreiben von der Tafel); schwarze Schrift/Zeichen auf gelbem Grund können besser wahrgenommen werden.
- Erhöhte Ausschüttung von Adrenalin und Cortisol: Protest und Wut bei Veränderung des Tagesablaufs bzw. Rückzug und Ängstlichkeit.

Tonischer Labyrinth-Reflex (TLR)

Dieser Reflex ist zuständig für die Balance von Beuge- und Streckmuskeln des Rumpfes, für Gleichgewicht und Kopfkontrolle.
Bleibt er über das erste Lebensjahr hinaus wirksam, ergeben sich die folgenden Auffälligkeiten:

- Orientierungsprobleme (räumlich).
- Zu viel Kraftaufwendung bei Tätigkeiten (Schreiben).

- Schwierigkeiten beim Rückwärtsgehen.
- Schwierigkeiten, innezuhalten, stehen zu bleiben, ruhig zu stehen.
- Hochgucken und runtergucken geht nicht (Schwierigkeiten beim Abschreiben).
- Figur-Grund-Wahrnehmung ist erschwert (Auswirkung auf das Erkennen von Ziffern-, Symbolzeichen).
- Das Auge kann die Zeile bzw. das Rechenkästchen nicht fixieren (Auswirkungen auf das Schriftbild bzw. Ziffernbild).
- Auditive und visuelle Reihenfolge sind erschwert (Auswirkungen auf: Wenn-dann-Verknüpfungen, Vorher-nachher-Verknüpfungen).
- Rhythmusprobleme.
- Aufträge behalten, Anweisungen umsetzen und Kopfrechnen sind erschwert.
- Tonusstörungen (Störungen der Muskelspannung).
- Zeitwahrnehmung ist erschwert.
- Schwierigkeiten mit Mengen, Größen, Form, Gewicht.
- Handeln ohne visuelle Kontrolle.
- Logische Zusammenhänge: »Wenn – dann« sind erschwert.

Asymmetrischer tonischer Nackenreflex (ATNR)

Dieser für die unterschiedliche Muskelspannung der beiden Körperhälften zuständige Reflex führt, wenn er über das erste Lebensjahr hinaus wirksam bleibt, zu folgenden Auffälligkeiten:

- Schwierigkeiten beim Überkreuzen der Körpermitte.
- Schwierigkeiten der Auge-Hand-Koordination.
- Schwierigkeiten, nahe Objekte zu fixieren.
- Abzeichnen symmetrischer Figuren ist erschwert.
- Heftaufteilung macht Probleme.
- Kopfrechnen ist besser als schriftliches Rechnen.
- Einseitiges Verständnis von Text oder Rechenaufgabe (Kommunikation über den Balken, Corpus callosum, ist erschwert).
- Schreibschrift kippt zu einer Seite (die Rückbewegung fällt schwer); das ATNR-Kind sollte Druckschrift benutzen dürfen.
- Fehlende Augen-Koordination (Schielen).
- Mangelhafte Händigkeitsentwicklung.

Motorische Probleme können Auswirkungen auf intellektuelle Leistungen haben.

In den Regelschulen lassen sich bis zu 40 Prozent Kinder mit Restreaktionen beobachten.

Symmetrischer tonischer Nackenreflex (STNR)

Wird dieser Reflex, der für die Muskelspannung des Körpers von oben nach unten zuständig ist, beibehalten, so finden wir:

- Kein kreuzkoordiniertes Krabbeln.
- Kopf wird beim Sitzen aufgestützt, das Kind liegt fast auf dem Tisch.
- Langsamkeit beim Schreiben (Aufsatz, Textaufgaben).
- Überkreuzen beim Schreiben von Zahlen und Buchstaben ist erschwert.
- Zeichnen geometrischer Figuren sowie Musterergänzen ist erschwert.

Im Zusammenhang mit einer Restreflexsymptomatik können auch die folgenden Störbereiche innerhalb der basalen Funktionen der Wahrnehmung gesehen werden:

Störungen der taktil-kinästhetischen Wahrnehmung

Eine gestörte Wahrnehmung von Berührung und Bewegung ist oft verbunden mit einer Störung des Körperschemas und der Lateralität. Ist das Körperschema gestört, so fühlt das Kind sich nicht selbst, es hat kein Gefühl für seine Körperteile, keine Vorstellung, kein inneres Bild von sich selbst. Damit verbunden sind oft auch Probleme mit der Lateralität, der Seitigkeit: Die Links-Rechts-Unterscheidung ist dabei unsicher, auch die Richtungsorientierung allgemein, z.B. beim Einhalten der Schreibrichtung oder beim Rechnen am Zahlenstrahl.

Dazu gehören auch gestörte Raum-Lage-Beziehungen, sowohl bei der Ich-Orientierung im Raum als auch bei der Bestimmung von Objekten im Raum mit Auswirkungen auf das Schätzvermögen von Größen, Mengen und Längen (auch Strecken, Abständen), die Ausbildung von Begriffen wie nah - fern, kurz - lang, links - rechts, oben - unten, vorn - hinten.

Verbunden ist damit oft eine Dyspraxie. Dabei sind die Bewegungen verkrampft, alles geht langsam, das Zahlenschreiben ist schwierig. Es besteht eine allgemeine Ungeschicklichkeit.

Störungen der visuellen Wahrnehmung

Störungen der visuellen Wahrnehmung sind oft gekoppelt mit Störungen im taktil-kinästhetischen Bereich.

Dazu gehören **Störungen in der visuo-motorischen Koordination**, dem Zusammenspiel von Auge und Bewegungsorgan: Das Auslegen von Rechenmaterial und das handelnde Rechnen sind z.B. bei der Störung der Auge-Hand-Koordination erschwert.
Ebenso gehören **Störungen in der Figur-Grund-Wahrnehmung** dazu: Formen können nicht vor einem Hintergrund erkannt werden (Probleme beim Erkennen der sog. Wimmelbilder). Das Erkennen von Ziffern und Symbolzeichen ist erschwert.
Störungen in der Wahrnehmungskonstanz, d.i. das Wiedererkennen von Gegenständen unter verschiedenen Blickwinkeln oder veränderter Präsentation sind eine weitere Auffälligkeit (z.B. kann der optisch unterschiedliche Eindruck eines Fahrrads von vorn, von der Seite, von hinten bei einem wahrnehmungsgestörten Kind den Eindruck von unterschiedlichen Gegenständen erwecken).
Wir brauchen diese Fähigkeit auch für die Invarianzerfassung, die besagt: Mengen bleiben gleich auch bei verschiedener Anordnung.
Man denke an den berühmten Versuch von Piaget: Gleich viele Objekte werden in je einer Reihe angeordnet, wobei die Reihen unterschiedlich lang sind:

In der längeren Reihe werden vom Kind mehr Objekte vermutet als in der kürzeren, selbst wenn die Objekte vor den Augen des Kindes auseinander gezogen werden.
Störungen in der Koordination von Auge (als Sinnesorgan) und Auge als Bewegungsorgan (Blickfunktion) erschweren die binokulare Fusion, die Kongruenz der Bilder beider Augen. Hierbei ist die Augenmuskelkontrolle gestört; das führt zu der sog. Winkelfehlsichtigkeit, bei der Ziffern nicht erkannt werden.
Beispiel: die Zahl 8
Verwechslung mit der Zahl 9 (der untere Halbkreis wird nicht gesehen).
Verwechslung mit der Zahl 3 (die beiden Bögen auf der linken Seite werden nicht erkannt).

Störungen des vestibulären Systems, das für das Gleichgewicht zuständig ist, sind oft gekoppelt mit auditiven Verarbeitungsstörungen.

Verwechslung mit der Zahl 0 (nur der untere und der obere Bogen werden dabei gesehen).

Unzureichende Blicksteuerung und langsame Sehgeschwindigkeit sind nach Forschungen des Blicklabors der Universität Freiburg eine Erschwernis für die Simultanerfassung von Mengen (Fischer, 2003). Diese Störung sollte nicht mit der Störung der Blickfunktion verwechselt werden. Die Erfassung von Mengen mit einem Blick ist aber Grundvoraussetzung, wenn das zählende Rechnen von dem Rechnen mit gegliederten Mengen abgelöst und das »Sehen« von Zahlbeziehungen und das Entwickeln günstiger Rechenstrategien ermöglicht werden soll.

Eine Studie des Blicklabors in Zusammenarbeit mit der PH Freiburg hat ergeben, dass etwa drei Viertel der als rechenschwach diagnostizierten Kinder diese Störung haben.

Therapie bei Wahrnehmungsauffälligkeiten

Besteht ein Verdacht auf eine Störung bzw. eine Entwicklungsverzögerung im Wahrnehmungsbereich, sollte eine Abklärung durch einen Neuropädiater erfolgen. Diesen findet man am einfachsten in einem sozialpädiatrischen Zentrum (SPZ). Für die Konsultation ist die Überweisung durch einen Kinderarzt erforderlich. Der Neuropädiater hat ein präzises Diagnostikum zur Verfügung, um den entwicklungsneurologischen Stand eines Kindes auszutesten. Bei Defiziten sollte er Hinweise auf Fördermöglichkeiten geben. Diese können in verschiedenen Bereichen liegen.

- **Die sensorisch-integrative Mototherapie** eignet sich besonders für die Behandlung der auf den Seiten 34ff. dargestellten Symptome. Sie wird als zweite Chance für das Gehirn angesehen, dauerhaft neuronale Verbindungen zu schaffen. Dabei wird das erste Lebensjahr »durchgeturnt«, um etwa vorhandene Restreflexe und Entwicklungsverzögerungen auszugleichen. Vier bis fünf Übungen müssen täglich geturnt werden, um einen Behandlungserfolg zu sichern. Verbunden sind diese Behandlungen mit Massagen, die die Mutter durchführt. Eine Mototherapie dauert z. B. für ein achtjähriges Kind etwa ein Jahr.
- **Die Ergotherapie** bietet Bewegungstherapie für Grob- und Feinmotorik, Wahrnehmungstraining, Sinnesbehandlung, Tiefenwahrnehmungstrai-

Die Simultanerfassung von Mengen ist Voraussetzung für das »Sehen« von Zahlbeziehungen und das Entwickeln günstiger Rechenstrategien.

ning auf neurophysiologischer Grundlage (Muskeln, Gelenke) sowie psycho-soziale pädagogische Betreuung. Dabei werden zunächst die körpernahen Sinne (Tast- und Bewegungssinn, Tiefensensibilität), dann die körperfernen Sinne (Sehen, Hören) geschult.

- **Rhythmik- und Psychomotorikkurse** sind geeignet, die Einheit Motorik – Psyche positiv zu beeinflussen.

Bei Hörverarbeitungsstörungen kann zusätzlich ein **Pädaudiologe** befragt werden.

Verschiedene Bewegungstherapien können wirksam sein.

Bei Vorliegen einer Winkelfehlsichtigkeit kann ein besonders ausgebildeter Optiker Abhilfe schaffen **(Prismenbrille)**.

Bei **unzureichender Blicksteuerung** kann nach einer vom Blicklabor der Universität Freiburg durchgeführten Prüfung ein von diesem Labor entwickeltes Gerät helfen, die Simultanerfassung von Mengen zu verbessern. Das Gerät kann beim Labor ausgeliehen werden. Eine Übungsphase dauert etwa drei Wochen.

Weitere Blicklabore gibt es in ganz Deutschland. Auskünfte hierüber gibt es im Freiburger Blicklabor, www.blickmobil.de, oder unter www.blicklabor.de und www.brain.uni-freiburg.de und www.blickzentrum.de.

Wie rechnen rechenschwache Kinder?

Entsprechend der Vielfalt in der Zusammensetzung der Bedingungsfaktoren für eine Rechenschwäche ist auch das Erscheinungsbild sehr unterschiedlich: Jedes Kind hat seine eigene, ganz persönliche Form der Rechenschwäche. Für die Therapie der Rechenschwäche ist es wichtig, dieser individuellen Rechenstrategie auf die Spur zu kommen.

Rechenschwache Kinder fallen zwar dadurch auf, dass sie viele Fehler machen; dennoch kann man aus der Art der Fehler nicht automatisch eine Rechenschwäche ableiten. Denn Fehler machen auch Kinder mit nur vorübergehenden Schwierigkeiten. Es gibt also keine bestimmten Fehlertypen, die automatisch auf eine Rechenschwäche schließen lassen. Jedes Kind hat seine eigene Fehlertypologie, die sich allen Erklärungsversuchen von Eltern und Lehrern zum Trotz hartnäckig hält.

Auffällig ist, dass rechenschwache Kinder keine Vorstellung von Zeitbegriffen haben, wie jetzt – gleich – später, gestern – heute – morgen.

Schwierigkeiten tauchen bereits im **pränumerischen Bereich** auf: Kinder, die eine Rechenschwäche entwickeln, haben in der Regel Probleme, Mengen zu ordnen, zu klassifizieren, zu vergleichen und eine Invarianz zu erkennen.

- **Die Klassifikation** beinhaltet z. B., verschiedene Gegenstände nach ihrer Form (eckig, rund, oval, usw.), Größe (klein, mittel, groß) oder Farbe zu ordnen.
- **Die Seriation** beinhaltet z. B., Gegenstände in einer Reihe der Länge oder der Größe nach zu ordnen.
- **Der Mengenvergleich** beinhaltet die Fähigkeit der Eins-zu-eins-Zuordnung (z. B. gleich viele rote Plättchen wie grüne Plättchen).
- **Die Invarianzerkennung** beinhaltet die Fähigkeit, zu sehen oder festzustellen, dass Mengen gleich bleiben bei verschiedener Anordnung oder verschiedener Größe.
- Des Weiteren haben rechenschwache Kinder Probleme bei der **Simultanerfassung von Mengen**, bei der Menge-Zahlwort-Zuordnung.

Weitere Auffälligkeiten:

- Sie haben Schwierigkeiten mit mathematischen Begriffen wie mehr – weniger, größer – kleiner, plus – minus, halb – doppelt.
- Das Zählen, die Zahlreihe, wird nicht beherrscht. Eine Zahlvorstellung ist nicht vorhanden.
- Mit den Rechenzeichen wird keine Operationsvorstellung verbunden (z. B.: Das Zeichen »Plus« bedeutet: »Dazutun«).

- Der Stellenwert wird nicht verstanden.
- Ziffern werden nicht erkannt oder verwechselt.
- Sachaufgaben können nicht gelöst werden.

Auswege des rechenschwachen Kindes

Um dieser Vielzahl von Schwierigkeiten zu begegnen, entwickeln rechenschwache Kinder Verhaltensauffälligkeiten und Kompensationsstrategien.

Verhaltensauffälligkeiten äußern sich z.B. in:

- Schulangst, Kopfschmerzen, Bauchschmerzen, sonstigen psychosomatischen Störungen (besonders, wenn eine Mathe-Arbeit ansteht)
- Depressivität, fehlender Leistungsmotivation, schlechtem Selbstbild bis hin zu Suizidgedanken
- Aggressionen und Clownerien im Klassenverband
- Aufmerksamkeitsdefizit, Hyperaktivität, Phlegma
- hohem Zeitaufwand und Unselbstständigkeit bei Hausaufgaben
- Stress, verbunden mit Gedächtnisproblemen und Verzweiflungsstrategien (z.B. Erraten des Rechenweges)

Kompensationsstrategien äußern sich in:

- zählendem Rechnen, zumeist Fingerrechnen, Rechnen mit Strichen und Punkten oder sonstigen zur Verfügung stehenden Hilfsmitteln
- Auswendiglernen von Operationen und ganzen Operationsketten
- mechanischem Rechnen ohne Verständnis
- Abarbeiten eines beliebigen, willkürlichen Rechenweges

Mögliche Fehlertypen bei Rechenschwäche

Rechenschwache Kinder sind oft verzweifelt und bemühen sich um Ersatzstrategien.

Die im Folgenden aufgezeigten Fehlertypen finden wir – wie bereits betont – nicht nur bei rechenschwachen Kindern, sondern auch bei Kindern mit vorübergehenden Schwierigkeiten in Mathematik. Ein Kind mit Rechenschwäche fällt dadurch auf, dass es ein ganzes Fehlerbündel von unterschiedlichen – leichten und schweren – und oftmals merkwürdig anmutenden Fehlern von Anbeginn des Mathematikunterrichts an mit sich herumschleppt. Dieses Bündel wird im Laufe der Schulzeit immer größer und erdrückender, wenn das Kind keine Hilfe bekommt.

Um einen Blick dafür zu bekommen, welche Fehlerstrategien ein Kind anwendet, ist es ratsam, sich mit den unterschiedlichen Fehlertypen etwas genauer auseinander zu setzen.

Schwierigkeiten mit Kardinal- und Ordinalzahl

Die Kardinalzahl bezeichnet die Menge, die Ordinalzahl die Reihenfolge.

Der Fehler mit der Mächtigkeit (Kardinalaspekt): Das Kind rechnet: 12 - 12 = 11. Dieser Fehler entsteht durch Verwechslung von Kardinal- und Ordinalzahl. Von der Zahl 12, vorgestellt am Zahlenstrahl, zieht das Kind die 12. Zahl ab: Dann bleiben 11 Zahlen übrig. Also: 12 - 12 = 11.

Der Fehler mit der Zahlenreihe (Ordinalaspekt): Das Kind kann die Zahl nicht mit ihrer Position im Zahlenraum verknüpfen. Daher kann es die nächstkleinere Zahl und die nächstgrößere Zahl nicht bestimmen. Das hat Auswirkungen auf das zählende Rechnen, das von rechenschwachen Kindern fast immer angewandt wird.

Es weiß auch nicht, dass 57 kleiner als 98 ist. Das hat Auswirkungen, wenn Überschlagsrechnungen gefordert sind, z. B. bei Textaufgaben.

Schon beim Zählen machen rechenschwache Kinder oft Fehler.

Der Zählfehler

Zählfehler gibt es manchmal schon beim Vorwärtszählen. Das Kind lässt beim Abzählen von Objekten einige Objekte aus und zählt andere doppelt. Hier ist ihm die Eins-zu-eins-Zuordnung nicht bewusst.

Ebenso verfährt es beim Rückwärtszählen, das ihm meistens sowieso schwerer fällt als das Vorwärtszählen.

Der Fehler mit der Simultanerfassung

Ein rechenschwaches Kind hat in der Regel Probleme, Zahlen im Zahlenraum bis 5 simultan (d. h. mit einem Blick) zu erfassen. Schon gar nicht gelingt ihm die sog. Quasi-Simultanerfassung der Mengen von 6 bis 10. Statt mit der Menge zu operieren, rechnet es daher zählend nach dem Weiterzählverfahren (Counting-On-Verfahren), d. h., es fängt bei der Ausgangszahl mit dem Zählen an. Wenn es ganz sicher gehen will, benutzt es das Alles-Zähl-Verfahren (Counting-All-Verfahren), d. h., es zählt auch die Ausgangszahl von 1 beginnend mit.

Beispiel Counting-On: 3 + 4 = ? Das Kind nimmt die Zahl 3 als Ausgangszahl, zählt dann weiter: 4, 5, 6, 7 und kommt zu dem richtigen Ergebnis 7.

Direkter Vergleich und Anschauung sind allererste Voraussetzung für das Verständnis von Rechenoperationen.

Beispiel Counting-All: 3 + 4 = ? Das Kind zählt zunächst die erste Zahl: 1, 2, 3; es zählt dann weiter die zweite Zahl dazu: 4, 5, 6, 7 und gelangt so auch zum richtigen Ergebnis.
Ist die Simultan- bzw. Quasi-Simultanerfassung nicht gesichert, kann sich das Kind auch nicht die Zahlen im Zahlenraum bis 10 gegliedert vorstellen und sie nicht abrufen.
Beispiel: Die Zahl 5 kann folgendermaßen gegliedert werden:
5 = 1 + 4 , 2 + 3, 3 + 2, 4 + 1.
Ebenso ist ein Finden der Partnerzahlen nicht möglich.
Partnerzahlen sind die Ergänzungszahlen zur 10:
(1/9), (2/8), (3/7), (4/6), (5/5), (6/4), (7/3), (8/2), (9/1).

Fehlendes Erkennen von Zahlbeziehungen

In Unkenntnis vorteilhafter Rechenstrategien, wie Verdoppeln, Halbieren, Analogien bilden, die Kraft der 5 ausnutzen usw., wird zählendes Rechnen auch bei größeren Zahlen eingesetzt – wobei die bekannten Fehlermuster zum Tragen kommen.
Aus dem gleichen Grund werden schriftliche Verfahren auch bei einfachsten Rechnungen eingesetzt.

Fehlendes Verständnis der Operationszeichen: + (plus), – (minus), · (mal), : (geteilt)

Das Unvermögen, die entsprechenden Operationen den Operationszeichen zuzuordnen, ist auf mangelnde Anschauung zurückzuführen. Handelnd hat das Kind nicht erfahren, dass plus ein Dazutun bedeutet, dass minus Wegnehmen heißt, dass Malnehmen ein mehrfaches Hinzutun der gleichen Anzahl bedeutet, dass Teilen bei der Rechenhandlung Verteilen oder auch Aufteilen bedeuten kann (was in der Notation identisch ist).
Das Gleichheitszeichen wird auch trotz Handlungsrechnen oft nicht verstanden, weil dem Kind nicht bewusst wurde, dass eine einfache Rechenoperation wie 3 + 4 = 7 bereits eine Gleichung ist. (Beim Handlungsrechnen wird der Vergleich meistens ausgelassen, wenn man z. B. 4 Steckwürfel an eine Reihe von 3 Steckwürfeln steckt und dann diese Steckwürfel anschaut und sagt: »Das sind 7.«) Um die Gleichung bewusst zu machen, sollte ein echter Vergleich stattfinden.

3 + 4
=
7

Eine Reihe von 3 + 4 Steckwürfeln wird verglichen mit einer Reihe von 7 Steckwürfeln – es sind gleich viele.

Der Eins-zu-wenig-Fehler (auch: Minus-eins-Fehler)

Das Kind rechnet 7 + 6 = 12 statt 7 + 6 = 13. Das Rechenergebnis ist um 1 zu niedrig.
Das Kind zählt die Ausgangszahl mit, es rechnet zählend: Ich habe 7, also zähle ich zu den 7, die ich habe, noch 6 dazu: Es zählt 7, 8, 9, 10, 11, 12. Meistens benutzt es dabei zum Zählen die Finger, damit es sich leichter merken kann, wie viele es schon dazugezählt hat, und hört beim 6. Finger auf zu zählen.

Der sog. Minus-eins-Fehler gehört zu den häufigsten Zählfehlern.

Der Eins-zu-viel Fehler (auch: Plus-eins-Fehler) bei der Subtraktion

Wir finden diese Zählstrategie auch bei Subtraktionsaufgaben; hier führt die Strategie, bei der Ausgangszahl mit dem Zählen anzufangen – diesmal rückwärts – zu dem Plus-eins-Fehler.
Das Kind rechnet 15 – 8 = 8. Das Rechenergebnis ist um 1 zu hoch.

Der Eins-zu-viel-Fehler (Plus-eins-Fehler) bei der Addition

Es gibt den Plus-eins-Fehler auch bei der Addition, allerdings mit einer anderen Strategie:
Das Kind rechnet 8 + 7 = 16 statt 8 + 7 = 15. Das Rechenergebnis ist also um 1 zu groß.
Das Kind rechnet wieder zählend: Ich habe 8, also muss ich bei 9 anfangen zu zählen! Es vergisst, die 9 mitzuzählen, und es zählt 10, 11, 12, 13, 14, 15, 16.
Eine andere Erklärung für den Plus-eins-Fehler bei der Addition ist: Das Plus-Zeichen oder das Gleichheitszeichen wird mitgezählt, gleichwertig wie eine Zahl.

Der Lateralitätsfehler

Probleme mit der Raumorientierung können zur Verwechslung von Ziffern führen.

Das Kind schreibt Ziffern seitenverkehrt, z. B. statt der Zahl 3 ein Schreibschrift-E.
Dieser Fehler weist auf Probleme mit der Lateralität, der Seitigkeit, hin. Das Kind hat in diesem Fall meistens auch kein Gefühl für links – rechts und auch nicht für die Schreibrichtung oder Rechenrichtung.
Die Seitigkeitsproblematik kann daher auch zu einer Verwechslung der Rechenzeichen führen: Plus wird mit minus verwechselt und mal mit geteilt (Inversionsfehler).
Ebenso kann die Reihenfolge der Operationszeichen nicht eingehalten werden: Das Kind schreibt 1 = 1 + 2 statt 1 + 1 = 2.

Der Orientierungsfehler

Hat das Kind Probleme bei der Raumorientierung, kann das zu Schreib- und Lesefehlern von Ziffern führen: Das Kind verwechselt z. B. die 4 mit der 7. Nachvollziehbar wird dieser Fehler, wenn wir eine 4 auf ein durchsichtiges Blatt schreiben, das Blatt umdrehen und im Winkel von 90° nach links drehen; tatsächlich erscheint die 4 jetzt als 7.
Genauso können wir verfahren, wenn die 7 als 4 gesehen werden soll.

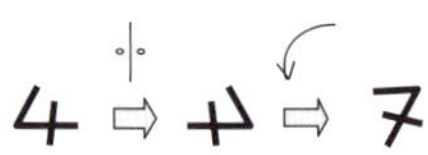

oder

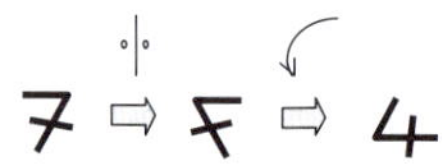

Ebenso entsteht aus der 2 eine 5 (bzw. aus einer 5 eine 2), wenn wir eine 2 (bzw. eine 5) auf ein durchsichtiges Blatt schreiben, anschließend umdrehen und dann auf den Kopf stellen.

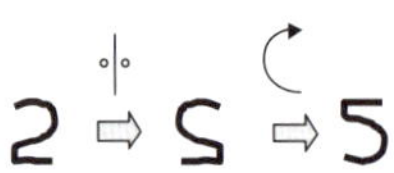

oder

Der Zahlendreher

Das Kind rechnet 12 + 3 = 51. Die Ziffern des Ergebnisses sind vertauscht. Das Kind rechnet richtig 12 + 3 = 15. Beim Aufschreiben des Ergebnisses schreibt es jedoch zuerst die 5, weil diese beim Sprechen vorangestellt ist, und erst dann die 1. Es merkt dabei gar nicht, dass die Ziffern »verdreht« wurden.

Der Stellenwertfehler

Hat das Kind das Zehnersystem nicht verstanden, kann es passieren, dass es die Zahlen lautgetreu schreibt: Statt 8911 schreibt es 800090011, was zu fantasievollen Rechnungen führt.

Oder:

Das Kind rechnet 23 + 52 = 48.

Es rechnet den Zehner der ersten Zahl zu dem Einer der zu addierenden Zahl hinzu, und umgekehrt zählt es den Einer der ersten zu dem Zehner der zweiten Zahl hinzu. Auch hier ist der Stellenwert der Ziffern nicht bewusst.

Der Perseverationsfehler

Das Kind rechnet 17 + 4 = 74. Das Ergebnis ist eine willkürliche Mischung aus den Ziffern der vorliegenden Aufgabe.

Das Kind denkt vielleicht: Aus den Zahlen, die ich habe, muss eine größere Zahl herauskommen, denn ich habe eine Plus-Aufgabe. Vielleicht hat es noch die Aufgabe 10 + 4 = 14 im Kopf; dieses Ergebnis wäre aber zu klein, außerdem ist ja da auch noch die 7: also 74.

Dieser Fehler wird nach dem lat. »perseverare« – verharren, benannt. Das Kind verharrt bei den Ziffern, die ihm in der Aufgabe zur Verfügung stehen und baut sie »irgendwo« ein.

Der Analogiefehler

Das Kind rechnet 4 x 4 = 14.

Es weiß auswendig 6 x 6 = 36 und 5 x 5 = 25;

also ist seiner Meinung nach 4 x 4 = 14.

Der Klappfehler

Das Kind rechnet 34 – 7 = 33.

Es rechnet 34 – 4 = 30 »Ich muss zuerst 4 wegnehmen, dann bleiben noch 3 von 7 übrig: also 30 + 3= 33.«

Rechenschwache Kinder bevorzugen oft die Rechenrichtung plus oder Dazutun; minus oder Wegnehmen fällt ihnen schwerer. Daher wird nur zu Anfang der Rechnung das Minus beachtet, danach schnell wieder in Plus-Richtung gedacht.

Oft besteht keinerlei Vorstellung vom Stellenwertsystem.

Der Kippfehler

Unter Kippfehler versteht man die Vertauschung von Ziffern des Subtrahenden und des Minuenden.
Das Kind rechnet 34 - 6 = 32.
Es weiß: Bei den Einern muss es abziehen.
Und es weiß auch: Man kann nur eine kleinere Zahl von einer größeren abziehen, nicht umgekehrt.
Es sieht 4 - 6, das geht nicht; also zieht es kurzerhand die 4 von der 6 ab; 6 - 4 = 2. Die 30 bleibt stehen: also 32.
Fatal daran ist: Hätte die Rechnung 36 - 4 = ? gelautet, wäre das Kind zu einem richtigen Ergebnis gekommen.
Dieser Fehler ist beliebt beim schriftlichen Rechnen. Er passiert auch, wenn die Zahlen untereinander geschrieben werden, bei einer Schreibweise, die dem Kind das Rechnen normalerweise erleichtert.

Die inverse Operation

Das Kind rechnet 17 + 2 = 51. Die Plus-Rechnung wird zu einer Minus-Rechnung umfunktioniert (Umkehrung der Operation); die Ziffern des Ergebnisses werden anschließend vertauscht.
Umgekehrt kann aus einer geforderten Minus-Rechnung auch eine Plus-Rechnung werden: 17 - 2 = 19 rechnet das rechenschwache Kind; diesmal ohne Ziffernvertauschung.

Der Quersummenfehler

Das Kind rechnet 12 + 3 = 6. Das Ergebnis entspricht der Quersumme der vorliegenden Ziffern.
Das Kind hat keine Vorstellung vom Stellenwert. Es weiß: Bei plus muss es zusammenzählen. Es zählt der Reihe nach die Ziffern 1, 2 und 3 zusammen und erhält das Ergebnis: 6.

Der Quersummenfehler und Operationsfehler

Das Kind rechnet 29 + 37 = 1110. Es bildet die Quersumme von beiden Summanden und schreibt die Summen einfach hintereinander, in der Meinung, damit die Addition gelöst zu haben, die eigentliche geforderte Rechenhandlung unterbleibt.

Der Übertragsfehler

Das Kind rechnet 25 + 36 = 511. Das Kind rechnet die Zehner richtig zusammen: 2 Zehner + 3 Zehner sind 5 Zehner. Danach rechnet es die Einer zusammen: 5 Einer + 6 Einer sind 11 Einer, also: 511 ist das Ergebnis. Es übersieht dabei jedoch, dass 11 Einer einem Zehner und 1 Einer entspricht, der Zehner gebündelt werden und bei den Zehnern notiert werden muss.

Übertragsfehler sind eine typische Fehlerquelle – nicht nur bei rechenschwachen Kindern!

Übertragsfehler entstehen häufig bei der schriftlichen Addition.

Das Kind rechnet:

$$\begin{array}{r} 3205 \\ +\ \ 427 \\ \hline 4622 \end{array}$$

Bei dieser Rechnung wurde der Übertrag, der bei der Einerstelle entsteht, erst bei der Tausenderstelle notiert.

Das Kind rechnet:

$$\begin{array}{r} 3709 \\ +\ \ 286 \\ \hline 39815 \end{array}$$

Bei dieser Rechnung wurde der Übertrag im Ergebnis notiert.

Fehler mit der Null

Das Kind rechnet 80 – 45 = 40.

Das Kind zieht richtig 4 Zehner von den 8 Zehnern ab, rechnet dann 0 – 5 = 0; denn:

Von der Null kann man nichts abziehen.

Dass aber einer der 8 Zehner entbündelt werden muss, hat es nicht verstanden.

Ebenso rechnet das Kind 7 x 50 = 357. Es rechnet richtig 7 x 50 = 350. Dazu kommt 7 x 0. Es rechnet 7 x 0 = 7 (weil 7 + 0 ja auch 7 ist); das Ergebnis lautet: 357.

Vertauschung von Subtrahend und Minuend

Das Kind rechnet 34 – 6 = 32.

Es stellt fest: Von der 4 kann es die 6 nicht abziehen, also zieht es kurzerhand 4 von 6 ab. Man muss immer die kleinere Zahl von der größeren Zahl abziehen, hat es gelernt.

Hätte die Rechnung: 36 – 4 = ? gelautet, wäre die Strategie aufgegangen.

Fehler bei der Multiplikation

Das Kind rechnet 9 x 7 = 61. Das Kind rechnet richtig 10 x 7 = 70. Nun müsste es noch 1 x 7 von der 70 abziehen. Es vertut sich dabei jedoch und zieht 1 x 9 ab. So kommt es zum Ergebnis von 61.

Fehler bei der Division

Das Kind rechnet 96 : 16 = 10. Es rechnet 90 : 10 = 9 und 6 : 6 = 1. Denn: 9 x 10 = 90 und 1 x 6 = 6.
Das Kind orientiert sich vielleicht dabei auch an der Subtraktion. Bei der Aufgabe 96 - 16 = 80 rechnet es schließlich auch 90 - 10 = 80 und 6 - 6 = 0.

Fehler bei Textaufgaben

Mit Textaufgaben haben viele Schüler Schwierigkeiten. Die Übertragung einer Situation in eine Rechenhandlung setzt vielfältige Denk- und Abstraktionsschritte voraus.

Laut Lorenz (2003) »stellen die Textaufgaben das Schwierigste im Mathematikunterricht aller Schulstufen dar«. Wen wundert es da, dass auch das rechenschwache Kind in diesem Bereich besondere Probleme hat!
Mögliche Ursachen können sein:

- Der Text enthält Begriffe, die dem Kind nicht geläufig sind.
- Die Sachsituation ist dem Kind unbekannt.
- Die Aufgabenstruktur ist zu komplex (mehrere Teilrechnungen sind erforderlich).
- Die Aufgabe erfordert Vorstellungen von räumlichen und/oder zeitlichen Beziehungen.
- Die Aufgabe erfordert ein Abschätzen von Größen, Maßen und Mengen.
- Die Aufgabe erfordert die Kenntnis der Uhr.

Aufgrund dieser Schwierigkeiten gelingt es dem Kind nicht, die Rechenhandlung aus dem Text herauszukristallisieren, vor allem, wenn sie mehrschrittig ist. Die Übersetzung von der Textebene in die verschiedenen Transferebenen - Handlungs-, Bild-, Symbolebene - gelingt nicht. Hinzu kommen zusätzlich noch die altbekannten Schwierigkeiten mit der Arithmetik.
Diese Auflistung von Fehlern und Schwierigkeiten repräsentiert nur einen kleinen Ausschnitt aus dem Problem- und Fehlerspektrum rechenschwacher Kinder. Das Repertoire ist beliebig erweiterbar. Nach Lorenz (2003) gibt es allein bei der schriftlichen Addition sowie Subtraktion mehr als 250 bekannte Fehlerstrategien.

Denkstrategien auf die Spur kommen

Es gilt, nicht nur die einzelnen Fehlertypen zu erkennen, sondern auch den fehlerhaften Denkstrategien, die dahinter stehen, auf die Spur zu kommen. Dies geschieht am leichtesten, wenn wir die »Methode des lauten Denkens« anwenden. Wir lassen das Kind zu seinen Rechenhandlungen sprechen. Es soll sagen, was es tut und was es denkt bei diesem Tun. Lautet die Aufgabe z.B. 35 + 19 = ?, und das Kind arbeitet mit Steckwürfeln, so sagt es z.B. laut: »Ich muss 19 Steckwürfel zu den 35 Steckwürfeln, die ich schon habe, dazutun; denn das Zeichen + (Plus) bedeutet dazutun. Weil 19 nur eins weniger als 20 sind, nehme ich 2 Zehnerstangen, wobei ich bei 1 Stange 1 Würfel wegnehme, und lege sie zu den 3 Zehnerstangen und der Fünferstange dazu. Danach nehme ich von der Fünferstange 1 Würfel weg und stecke ihn an die Neunerstange, damit ich den Zehner voll machen kann. Ich sehe nun das Ergebnis 5 Zehnerstangen und 1 Viererstange. Also heißt das Ergebnis: Ich habe 54.«

Zum Erkennen der Denkweise des Kindes ist die Methode des lauten Denkens bei Rechenaufgaben hilfreich.

Das Kind hat in diesem Fall für die vorliegende Aufgabe die Strategie 35 + 20 – 1 verwendet. Es könnte auch ganz anders vorgehen, z.B. nach der Strategie: Zuerst die Zehner zusammentun, dann die Einer: 30 + 10 + 5 + 9. Dann teilt es den Neuner in einen Vierer und einen Fünfer: 30 + 10 + 5 + 5 + 4 und erhält dann: 30 + 10 + 10 + 4; das sind 5 Zehnerstangen und eine Viererstange.
Die Rechenhandlung und das begleitende Sprechen richten sich also nach der angewendeten Rechenstrategie.

Wir müssen uns bewusst machen:

Um den zugrunde liegenden Denkprozess zu ergründen, bedarf es fast immer der Mithilfe des Kindes. Mit Geduld und Sensibilität muss das Kind angeleitet werden, seine Rechenschritte zu erklären.

Diagnose-möglichkeiten

»Was kann ich tun bei Verdacht auf Rechenschwäche? Woher weiß ich, dass mein Kind nicht zu dumm ist für die Schulmathematik oder zu faul, sondern einfach rechenschwach? Wie kann ich ihm helfen? Oder braucht es von außen Unterstützung?« Diese Fragen werden täglich von Eltern gestellt.

Die Antwort heißt: Wenn Eltern, die sich über die Rechenschwäche-Problematik informiert haben, zu dem Schluss gekommen sind, dass ein berechtigter Verdacht auf Rechenschwäche besteht, sollte der Rat eines Fachmanns eingeholt werden, der eine Diagnose erstellen kann.

Testung in der Schule

Eine Testung kann zunächst von einem speziell geschulten Beratungslehrer an der Schule des Kindes vorgenommen werden.

Zunächst sollte abgeklärt werden, ob ein Beratungslehrer diese Aufgabe übernehmen kann. Nicht alle Beratungslehrer sind entsprechend geschult. Wenn ein in Bezug auf Dyskalkulie fortgebildeter Beratungslehrer zur Verfügung steht (er muss in der Regel angefordert werden, es gibt ihn nicht an jeder Schule – in Baden-Württemberg ist ein Beratungslehrer für etwa 1000 Schüler zuständig), so kann dieser eine erste Testung durchführen.

Diese Testung findet an einem mit den Eltern verabredeten Termin in der Schule des Kindes statt. Sie umfasst nicht nur die sog. Produktanalyse, die ergebnisorientierte, beschreibenden Fehleranalyse, bei der die Fragen: »Was kommt heraus?« und »Was ist falsch?«, gestellt werden, sondern auch die sog. Prozessanalyse, bei der die Fragen: »Wie hat das Kind gerechnet«, »Wie ist es zu dem Ergebnis gekommen?«, behandelt werden. Bei der Prozessanalyse handelt es sich also um eine erklärende, qualitative Fehleranalyse, die in der Regel ein diagnostisches Gespräch mit dem Kind erforderlich macht, währenddessen das Kind seine Denkwege bei der Aufgabenbearbeitung erläutert. Nur auf diese Weise lassen sich fehlerhafte Denkstrategien erkennen, und nur so kann ein individueller Förderplan erarbeitet werden.

Neben der beschreibenden und der erklärenden Fehleranalyse, die im Übrigen auch schon ein guter Mathematiklehrer in der Regel beherrscht, wendet ein Beratungslehrer zusätzlich die sog. Bedingungsanalyse an: Er untersucht, welche Bedingungsfaktoren zu der Rechenschwäche geführt haben, welche Faktoren ursächlich sind.

Fördermöglichkeiten

Danach wird ein Förderplan erstellt. Die Förderung erstreckt sich auf:

- die Verbesserung der Lernausgangslage;
- wenn nötig, die Vermittlung von mathematischer Basiskompetenz (Förderung von Zahlverständnis – kardinal und ordinal –, Operationsverständnis, Stellenwertverständnis usw.)
  und schließlich
- die Arbeit am aktuellen Schulstoff;
- den Abbau negativer Einflüsse in der Umgebung des Kindes (zu hohe Erwartungshaltung im Elternhaus, Verbesserung der Lernatmosphäre, Vermeidung von Angstauslösern).

Werden vom Beratungslehrer Defizite in den basalen Funktionen der Sinneswahrnehmung festgestellt, so werden außerschulische Fachkräfte, z. B. in Bezug auf sensorisch-integrative Wahrnehmungsschulung oder psychomotorische Bewegungsschulung oder sensorisch-integrative Mototherapie, benötigt.

Handelt es sich lediglich um Defizite im Schulstoff, vielleicht aufgrund von längerer Krankheit, so ist im Allgemeinen ein schulischer Stützunterricht ausreichend.

Stützunterricht ist bei leichteren Defiziten im Schulstoff hilfreich, weil der Stoff noch einmal durchgearbeitet und vertieft wird.

Stellt der Beratungslehrer grundlegende Defizite (eine mehr oder weniger schwere Rechenschwäche) fest, so ist Einzelunterricht angezeigt, der unter Umständen bereits vom Beratungslehrer an der Schule durchgeführt werden kann.

Eine weitere Möglichkeit für schulischen Einzelunterricht bietet die Kooperation der Grundschule mit einer Förderschule. Dieses sog. Kooperationsmodell sieht vor, dass ein Förderschulpädagoge an die Grundschule des Kindes kommt, das Kind testet, einen Förderplan ausarbeitet und diesen Plan in Form von Einzelunterricht erfüllt. Der Förderschulpädagoge sollte aber unbedingt in Diagnostik und Therapie der Rechenschwäche ausgebildet und erfahren sein. In der Regel findet dieser Unterricht einmal pro Woche statt, sollte aber nach diesem Modell möglichst nicht länger als drei Monate andauern.

Schwerste Fälle von Rechenschwäche mit massiven Ausfällen erfordern unter Umständen eine externe Therapie (siehe S. 131ff.) durch speziell ausgebildete Therapeuten.

Weitere Diagnosemöglichkeiten

Steht für eine Diagnosefindung kein kompetenter Beratungslehrer zur Verfügung, so kann die Hilfe eines Schulpsychologen in Anspruch genommen werden. Diesen finden wir in den schulpsychologischen Beratungsstellen. Dieser Weg ist vor allem auch dann sinnvoll, wenn Eltern zunächst einmal unabhängig von der vom Kind besuchten Schule und ohne deren Kenntnis eine Diagnosestellung wünschen. Das ist immer dann der Fall, wenn das Verhältnis Eltern – Kind zur besuchten Schule belastet ist, wenn also kein gegenseitiges Vertrauen vorhanden ist. Die schulpsychologische Beratungsstelle ist nämlich zu Stillschweigen gegenüber der Schule verpflichtet, wenn die Eltern das so wünschen. Im Anschluss an die Testung werden die Eltern beraten, welche Hilfs- und Fördermöglichkeiten vor Ort möglich sind (www.schulpsychologie.de).

Eine weitere Diagnosemöglichkeit besteht an einem sozialpädiatrischen Zentrum. Hier werden neben entwicklungsneurologischen Testungen auch begabungspsychologische Tests durchgeführt, die zur Abklärung einer Rechenschwäche/Dyskalkulie nötig sind.

Um an einem solchen SPZ einen Testtermin zu erhalten, ist eine Überweisung durch den Kinderarzt bzw. Hausarzt erforderlich.

Positive schulische Förderansätze

In einigen Schulamtsbezirken Baden-Württembergs werden für Kinder mit besonderen Schwierigkeiten in Mathematik Stützkurse in sog. Stützpunktschulen angeboten. In diesen Stützpunkten werden die betroffenen Kinder von mehreren umliegenden Grundschulen in Kleingruppen einmal pro Woche von einer besonders ausgebildeten Lehrkraft unterrichtet.

In Baden-Württemberg gibt es verschiedene schulische Angebote für rechenschwache Kinder.

Eine weitere Möglichkeit der Hilfe und Förderung besteht in der Einrichtung von Kompetenz- und Beratungszentren, die von einigen Schulämtern in Baden-Württemberg vorgenommen wurde. In den Beratungszentren werden Lernstandsdiagnosen erstellt und zusammen mit den Eltern und Lehrern Förderpläne entwickelt. Reicht dieses Fördermodell für ein rechenschwaches Kind nicht aus, so kommen die Kompetenzzentren zum Einsatz. Die Kinder werden an die Kompetenzzentren umgeschult und

Erstrebenswert ist eine Verwaltungsvorschrift Rechenschwäche, die den Umgang mit betroffenen Kindern im Unterricht und bei der Leistungsbewertung festlegt.

dort in offenen Unterrichtsformen gemäß ihren individuellen Förderbedürfnissen so lange unterrichtet, bis ihre Probleme gelöst sind und eine Rückkehr an ihre alte Schule möglich ist.
Ähnliche Arbeit wird in einer sog. Rima-Klasse geleistet. »Rima« steht für Rechen-Intensiv-Maßnahme. Auch hier werden die Kinder mehrerer Schulen mithilfe von standardisierten Tests überprüft und bei Feststellen eines besonderen Förderbedarfs in einer Klasse zusammengefasst und hier individuell gefördert. Nach einigen Wochen kehren sie an ihre ursprüngliche Schule zurück.

Der pädagogische Ermessensspielraum

Die IRFK initiierte im Jahr 2001 eine Unterschriftenaktion, um bessere schulische Hilfs- und Fördermöglichkeiten für rechenschwache Kinder zunächst in Baden-Württemberg zu erreichen, mit der Hoffnung auf eine Ausweitung auf alle Länder in Deutschland.
Inzwischen wurde der IRFK vom Ministerium für Kultus, Jugend und Sport in Baden-Württemberg erklärt, durch die umfassende Verwaltungsvorschrift „Kinder und Jugendliche mit Behinderungen und besonderem Förderbedarf« vom 8.03.1999 werde der Förderanspruch aller Schülerinnen und Schüler mit besonderem Förderbedarf gesichert.
Nach dieser Vorschrift werde ein gestuftes pädagogisches Verfahren vorgeschrieben: Nach der differenzierten Ermittlung des Lernstandes und des Lernumfeldes, der kontinuierlichen Beobachtung der Lernprozesse, der Erstellung eines Profils des individuellen Förderbedarfs in Abstimmung mit den Eltern, der Einbeziehung von Erkenntnissen aus Diagnose- und Fördermaßnahmen im Vorfeld sollten gezielte Fördermaßnahmen der Schule dem rechenschwachen Kind Hilfe bringen. Auch weitere schulische und außerschulische Einrichtungen könnten einbezogen werden, falls diese Fördermaßnahmen nicht ausreichen.
Im Zeitraum besonderer Fördermaßnahmen auf der Basis gezielter Förderpläne für einzelne Schülerinnen und Schüler bestünden für Lehrkräfte nach der o.g. Verordnung pädagogische Freiräume, die verantwortlich genutzt werden können.
Die pädagogischen Freiräume definiert das Ministerium dabei mit folgenden Möglichkeiten:

- Lehrkräfte können schriftliche Leistungen nicht nur durch eine Ziffernnote ausdrücken, sondern diese auch durch Hinweise, die den Lernfortschritt kommentieren, ergänzen.
- Im pädagogischen Ermessen der Lehrerinnen und Lehrer liegt es, die Verwendung von Hilfsmitteln oder
- das Verlängern der Arbeitszeit zu ermöglichen.
- Über einen bestimmten Zeitraum hinweg kann die Lehrkraft den besonderen Schwierigkeiten von Schülerinnen und Schülern dadurch Rechnung tragen, dass bei schriftlichen Arbeiten ganz oder teilweise andere Aufgaben gestellt werden.

Diese vom Kultusministerium Baden-Württemberg formulierte Erklärung hat nach unserer Einschätzung auch in den übrigen Bundesländern in ähnlicher Weise Gültigkeit. Genaueres finden Sie im Internet unter den entsprechenden Adressen der Kultusministerien der Länder.

Der pädagogische Ermessensspielraum erlaubt es Lehrern, bei der Beurteilung der Leistungen individuellere Maßstäbe anzulegen.

Testverfahren zur Feststellung von Dyskalkulie

Es gibt eine Vielzahl von Testverfahren, die Hinweise auf eine Rechenschwäche ergeben können bzw. die das Erkennen von Faktoren ermöglichen, die das Mathematiklernen erschweren. Dazu gehören z.B.:

- Frostigs Entwicklungstest der visuellen Wahrnehmung (FEW)
- Psycholinguistischer Entwicklungstest (PET)
- Göttinger-Formreproduktions-Test
- Hamburg-Wechsler-Intelligenztest für Kinder HAWIK bzw. HAWIK-R
- Grundintelligenztest-Skala CFT 2.

Diese Tests werden in Form von Einzeltests eingesetzt und gehören in die Hand des Psychologen bzw. des Arztes. Bei den folgenden Tests handelt es sich um Neuentwicklungen, die auch für den Einsatz in Schulklassen geeignet sind und daher dem Grundschullehrer diagnostische Aufschlussmöglichkeiten bieten.

Zareki

Die Zareki wird individuell in Papier- und Stiftform durchgeführt. Es gibt kein Zeitlimit. Die Aufgaben werden mündlich bzw. mittels Testvorlagen präsentiert. Die Antwort erfolgt durch motorische, mündliche oder schriftliche Reaktionen. Die Dauer beträgt für einen Test je nach Alter in der Regel 15–30 Minuten.

Die Zareki enthält insgesamt relativ leichte Aufgaben: Die Testung soll Kinder eher im unteren Leistungsbereich differenzieren. Kinder der zweiten bis vierten Klassen können getestet werden.

»Ziel der Zareki ist eine neuropsychologisch begründete differenzielle Diagnostik, die im Sinne einer Subtypisierung das Erkennen von Störungen unterschiedlicher Teilaspekte der Zahlenverarbeitung und des Rechnens ermöglicht.«

Die Zareki ist eine neurobiologische Testbatterie für Zahlenverarbeitung und Rechnen bei Kindern, entwickelt von Dr. Michael von Aster und Monika Weinhold, Zürich.

Die Zareki enthält 11 Subtests:

1. Abzählen von Punkten in unterschiedlicher Präsentation
2. Zählen rückwärts mündlich
3. Zahlenschreiben (zweistellige bis vierstellige gesprochene Zahlen)
4. Kopfrechnen (Addition und Subtraktion) mündlich:
   »Sag mir, was gibt ...«
5. Zahlenlesen: Zahlen werden in Ziffernform gegeben und sollen in die Wortform gebracht werden, z.B. 503, 6485, 15 ...
6. Anordnen von Zahlen auf einem Zahlenstrahl und Multiple-Choice-Aufgaben am Zahlenstrahl. Dabei sind einige Markierungen gegeben, eine Zahl muss zugeordnet werden.
7. Zahlenvergleich (in Form von Zahlwörtern): Zwei Zahlen werden genannt, die größere muss herausgefunden werden.
8. Perzeptive Mengenbeurteilung: Mengenbilder schätzen, 5 Sekunden Zeit
9. Kognitive (kontextuelle) Mengenbeurteilung: Bedeutung der Zahl muss vom abstrakten numerischen Wert relativiert werden, z.B.:
   2 Wolken am Himmel, 2 Zuschauer im Fußballstadion,
   8 Lampen im Zimmer, 4 Lehrer im Klassenraum
   Aussagemöglichkeiten: viel, wenig, normal
10. Textaufgaben: Am Beispiel des Verteilens von Murmeln muss erkannt werden, dass die sprachliche Formulierung im Text irreführend bezüglich der Rechenhandlung sein kann. Im Text heißt es z.B.: »Er gibt«, gemeint ist weggeben, also: Subtraktion ist erforderlich.
11. Zahlenvergleich: Herausfinden der größeren Zahl, z.B.
    13 – 31; 79 – 81; 201 – 102

Der Osnabrücker Test zur Zahlbegriffsentwicklung OTZ

Der OTZ dient dazu, den aktuellen Stand der Zahlbegriffsentwicklung bereits bei Kindern im Kindergarten- und Vorschulalter sowie bei Schulanfängern festzustellen.
Er besteht aus zwei Parallelversionen (Testversionen A und B) mit jeweils 40 Aufgaben. Jede Version ist in acht Teile mit je fünf Aufgaben unterteilt. Dabei wird das Niveau der individuellen Entwicklung eines Kindes im Vergleich zu einer Normgruppe gleichen Alters ermittelt.
Die Bereitstellung der beiden Parallelversionen soll dazu dienen, Einflüsse durch besondere Umstände, die den Test beeinflusst haben könnten, auszuschließen. (Die zweite Durchführung sollte ein ähnliches Ergebnis wie die erste Durchführung haben.) Die Entwicklung des OTZ orientiert sich an der kindlichen Entwicklung des Zählens:

Der OTZ wurde in den Niederlanden an der Universität Utrecht entwickelt und später auch in Deutschland erprobt.

Die Entwicklung des Zählens		
Ca. 3 Jahre	Verbales Zählen	Vergleichbar mit dem Aufsagen eines Gedichts.
Ca. 4 Jahre	Asynchrones Zählen	Zahlwörter werden in der richtigen Reihenfolge benutzt. Allerdings wird nicht gleichzeitig auf das zu zählende Objekt gezeigt. Das kann zu Auslassen eines Objektes oder zu Doppelt-Zählungen führen.
$4^1/_2$ Jahre	Ordnendes Zählen	Objekte werden z. B. zur Seite geschoben, damit sie besser gezählt werden können.
5 Jahre	Resultatives Zählen	Entsprechung Objekt/Zahl ist klar (Eins-zu-eins-Zuordnung). Man fängt bei eins zu zählen an. Jedes Objekt wird nur ein Mal gezählt. Die letztgenannte Zahl gibt die Anzahl der Objekte an.
$5^1/_2$–6 Jahre	Abkürzendes Zählen	In Mengen werden Strukturen gebildet, z. B. das Bild der Würfel-Fünf. Von diesem Zahlbild an kann aufwärts gezählt werden.
5–6 Jahre	Aufgaben zählend lösen	Aufgaben mit der Mengeninvarianz oder Eins-zu-Eins-Zuordnung werden zählend gelöst.

Vorgehensweise beim OTZ

Beim OTZ wird der frühe Zahlbegriff getestet.

Die meisten Aufgaben werden mündlich gestellt. Das Kind soll dabei die richtige Lösung im Bild zeigen oder verbal benennen.

Der frühe Zahlbegriff, der getestet werden soll, lässt sich in acht Komponenten untergliedern:

1. **Vergleichen:** Vergleichen von quantitativen oder qualitativen Merkmalen von Objekten.
   Mathematische Ordnungsbegriffe, wie: mehr – weniger, die meisten, höher – niedriger.
2. **Klassifizieren:** Zusammenfassen von Objekten zu einer Klasse oder Unterklasse.
3. **Eins-zu-eins-Zuordnen:** Zum Beispiel die Frage: Gleich viele Hühner wie Eier?
4. **Nach Reihenfolge ordnen:** Anordnungen erkennen. Zum Beispiel von hoch nach niedrig, von dick nach dünn.
5. **Zahlwörter benutzen (verbal):** Kardinal- und Ordinalzahlen bis 20, vorwärts, rückwärts, weiterzählen.
6. **Synchrones und verkürztes Zählen:** Synchrones Zählen bedeutet Zählen mit gleichzeitigem Zeigen, verkürztes Zählen bedeutet Zählen unter Verwendung der Zahlbilder vom Würfel.
7. **Resultatives Zählen:** Zählen von Objekten in strukturierten und unstrukturierten Mengen (ohne dass auf die Objekte gezeigt wird).
8. **Anwenden von Zahlenwissen:** Anwendung der Zahlen bis 20 in Alltagssituationen.

DEMAT Deutscher Mathematiktest

Der DEMAT 1+ gilt als sehr leicht; mehr als die Hälfte der Erstklässler kann ihn lösen. Er dient zur Differenzierung der schwächeren Schüler und damit zur Diagnostizierung der schwächsten und damit auch der »rechenschwachen«. Er kann gegen Ende des ersten Schuljahres bis Anfang des zweiten Schuljahres eingesetzt werden.

Der DEMAT 2+ eignet sich zur Differenzierung im unteren sowie im oberen Leistungsbereich. Er kann Ende des zweiten, Anfang des dritten Schuljahres eingesetzt werden. Beide Tests enthalten neun Subtests. Es liegen ihnen die Lehrpläne aller Bundesländer zugrunde und sie sind als

Gruppentests mit zwei Parallelformen (A und B) konzipiert, aber auch als Einzeltest durchführbar. In der Gruppe beträgt die Testdauer eine Schulstunde (45 Minuten). Bei der Durchführung als Einzeltest werden 20 Minuten benötigt.

Der DEMAT 1+: einige Beispiele der Subtests

- **Addition, Subtraktion (gemischt) bis 20, Kettenaufgaben bis 20**

Diese Tests überprüfen den Umgang mit Rechenoperationen im Zahlenraum bis 20 (teilweise mit Zehnerübergang).
Zum Beispiel: 7 + 8 = ?; 14 – 6 = ?; 5 + 4 + 2 + 4 = ?

- **Mengen und Zahlen**

Bildlich dargestellte Mengen werden verglichen, zugeordnet oder aufgeteilt.
Zum Beispiel: 7 Kinder – 1 Ball: Wie viele Bälle fehlen?

- **Zahlenraum**

Am unvollständigen Zahlenstrahl müssen Zahlen benannt werden, ohne dass abgezählt werden kann (Markierungen am Zahlenstrahl liegen nur in Fünfer- bzw. Zehnerschritten vor).

- **Zahlenzerlegung – Zahlenergänzung**

Dieser Test beinhaltet Platzhalteraufgaben im Zahlenraum bis 20, eine Seite der Gleichung ist zweigliedrig.
Zum Beispiel: 5 + ? = 15

- **Teil – Ganzes**

Platzhalteraufgaben im Zahlenraum bis 10; beide Seiten der Gleichung sind zweigliedrig.
Zum Beispiel: 7 + 2 = 8 + ?

Die DEMAT-Tests wurden von Kristin Krajewski, Petra Küspert und Wolfgang Schneider zur frühen Diagnostik mathematischer Schulleistungen entwickelt.

Der DEMAT 2+: einige Beispiele der Subtests

- **Zahleneigenschaften**

Gerade bzw. ungerade Zahlen müssen aus verschiedenen Zahlen herausgefunden werden.

- **Addition und Subtraktion (gemischt) bis 100**

Zum Beispiel: 37 + ? = 54; 56 – ? = 36

- **Multiplikation, Division, Hälfte, Doppelte im Zahlenraum bis 100**

Zum Beispiel:
6 x 4 = ?; 56 : 7 = ?; die Hälfte von 48; das Doppelte von 21

Durch geometrische Aufgaben kann das räumliche Vorstellungsvermögen, das ganz wichtig ist zum Verständnis der Mathematik, getestet werden.

- **Geometrie**

Hier wird das räumliche Vorstellungsvermögen getestet: Bei aus Würfeln zusammengesetzten Figuren muss die Anzahl der verwendeten Würfel bestimmt werden.

- **Geld**

Vier Geldbeträge sind auf einen Euro zu ergänzen.
Zum Beispiel: Bei 22 Cent fehlen noch wie viel Cent?

- **Sachaufgaben**

Jede Sachaufgabe wird zweimal vorgelesen. Die Kinder lesen leise mit. Rechnung und Ergebnis müssen notiert werden.
Zum Beispiel: Lilli, Leo und Timo kaufen sich Eis. Jeder von ihnen isst sieben Eiskugeln. Wie viele Eiskugeln essen die Kinder zusammen?

BADYS – Bamberger Dyskalkuliediagnostik

Die Bamberger Dyskalkuliediagnostik ist entwickelt worden, um neben der Diagnose einer Rechenschwäche gleichzeitig auch förderdiagnostische Hinweise zu geben.

- Badys 1/2 kann Ende der ersten, Anfang der zweiten Klasse eingesetzt werden.
- Badys 2/3 Ende der zweiten/Anfang der dritten Klasse,
- Badys 3/4 Ende der dritten/Anfang der vierten Klasse,
- Badys 4/5 Ende der vierten/Anfang der fünften Klasse,
- Badys 4 + Ende der vierten bis Anfang der sechsten Klasse.

Die Badys ist vorwiegend für die Einzeluntersuchung von Schülern, die besondere Probleme beim Rechnen haben, entwickelt worden. Sie ist aber auch in Gruppentests durchführbar. Die Lehrpläne aller Bundesländer wurden bei der Aufgabenstellung berücksichtigt. Die Bearbeitungsdauer für den Einzeltest beträgt 2 x 50 Minuten, für den Gruppentest sind 2 x 40 Minuten vorgesehen.
Die Badys umfasst folgende Inhaltsbereiche:

- **Basaler Wahrnehmungsbereich**

Figur-Grund-Wahrnehmung, Wahrnehmungsgeschwindigkeit, visuell-räumliche Vorstellung/Orientierung

- **Arbeitsspeicher**

Hier werden visuelle und verbale Gedächtnisleistungen geprüft.

- **Arithmetik**

Hier geht es um Zahlerfassung, Operationsverständnis, Grundoperationen, Ergänzungsaufgaben.

- **Geometrie**

Geprüft werden: Messen, Maße schätzen, Umrechnen von Maßen, Symmetrie, (ab dritter Klasse auch Körpernetze), Uhr (zeitliche Orientierung, Uhrkenntnis).

Die verschiedenen Klassenversionen unterscheiden sich im überprüften Zahlenraum und in der Schwierigkeit.

Im Gegensatz zu den übrigen Tests erhebt die BADYS den Anspruch, bereits Hinweise auf mögliche Förderansätze zu geben. Die übrigen Tests dienen zur Diagnose von Rechenschwäche, ersetzen aber nicht die für den Förderansatz nötige Feindiagnostik.

Die BADYS ist ein neues förderdiagnostisches Verfahren zur differenzierten Erfassung von Rechenstörungen und deren Bedingungsfaktoren in den Klassenstufen 1–6.

Lernvoraussetzungen für Mathematik

Ist Rechnenkönnen »angeboren«? Ist Mathematik allein eine Sache der Begabung oder verfügen alle Menschen über einen »Sinn für Zahlen«, über ein bestimmtes Gespür, eine Art Intuition für Mengen und einfache Rechenoperationen? Eine spannende Frage, der es lohnt nachzugehen.

Der Zahlensinn

Stanislas Dehaene betrachtet in seinem berühmten Buch »Der Zahlensinn oder Warum wir rechnen können« die zahlreichen wissenschaftlichen Studien – darunter auch seine eigenen – im neurologisch-psychologischen Bereich zur Entwicklung der mathematischen Kompetenz. Nach Dehaene haben alle Menschen schon im ersten Lebensjahr ein Gespür für Zahlen. Säuglinge können im Alter von sechs Monaten elementare Additionen und Subtraktionen durchführen.

Dank des Zahlensinns kann schon das Neugeborene kleine Anzahlen wahrnehmen.

Dehaene führt diese Fähigkeit auf einen Akkumulator im Gehirn zurück, der in der Lage ist, die Anzahl einer Menge von Objekten wahrzunehmen. Er nennt diese Fähigkeit den »Zahlensinn«; dieser beinhaltet eine Intuition für Größen und Mengen. Als Sitz für diesen Zahlensinn im Gehirn nennt er den Gyrus angularius, genannt auch Brodman Areal 39. Aufgrund der modernen bildgebenden Verfahren ist es möglich, dieses Areal zu lokalisieren, das auch gleichzeitig das Assoziationsareal von Gesichtssinn, Hörsinn und Tastsinn beinhaltet.

Allerdings ist der Zahlbegriff des Säuglings nur bei ganz kleinen Anzahlen genau, bei größeren Anzahlen wird er zunehmend verschwommen. Er ist vergleichbar mit dem Zahlbegriff, den auch Tiere haben. Auch Tiere können zählen; zwar nicht mit Zahlwörtern und Zahlzeichen, aber sie können numerische Größen lernen, behalten, vergleichen und sogar näherungsweise addieren.

Die Verknüpfung von Zahlen mit einer bestimmten Bedeutung ist Säuglingen und Tieren dagegen nicht möglich. Sie benötigt einen Entwicklungsprozess ebenso wie die arabisch-visuelle und die auditiv-sprachliche Vorstellung von Zahlen. Ähnlich wie bei dieser unterschiedlichen Zahlenrepräsentation findet die Verarbeitung von Zahlen mit unterschiedlicher Bedeutung in mehreren Gehirnarealen statt. Wenn wir mit Zahlen Jahreszahlen oder Uhrzeiten meinen, Größenangaben oder Messergebnisse festhalten wollen, Markennamen oder Spiele bezeichnen, so sind bei der Verarbeitung im Gehirn jeweils andere Areale tätig. Der Erwerb symbolischen Wissens lässt sich dabei nicht von den quantitativen Intuitionen trennen. Das heißt, der »Zahlensinn« ist an der Entwicklung der mathematischen Kompetenz immer mitbeteiligt.

Die folgenden Entwicklungsschritte des Kindes werden von Dehaene beschrieben:

- Neugeborene können bereits drei bis vier Tage nach der Geburt zwischen 2 und 3 unterscheiden.
- Babys kennen die Anzahlen von 1, 2 und 3 sehr genau, können aber nicht zwischen »mehr« und »weniger« unterscheiden. Die ordinale Kompetenz ist noch nicht vorhanden.
- Mit zwei bis drei Jahren wissen die Kinder, was Invarianz bedeutet: Eine Menge von Gegenständen bleibt gleich, auch wenn die Gegenstände anders angeordnet werden (siehe S. 37).
- Mit dreieinhalb Jahren begreifen Kinder den Sinn des Zählens. Das Zählen gibt die Antwort auf die Frage: Wie viele? Sie wissen, dass die zuletzt gezählte Zahl die Anzahl der gezählten Menge angibt. Dabei hilft der angeborene innere Speicher (Akkumulator).
- Gegen Ende des vierten Lebensjahres beherrschen Kinder die Grundlagen des Zählens. Sie verstehen die Reihenfolge und die Eins-zu-eins-Zuordnung.
- Beim ersten Zählen benutzen sie beim Zusammenzählen von Gegenständen das Alles-Zähl-Verfahren. Auch wenn die Anzahl einer Menge bereits bekannt ist, wird bei eins angefangen zu zählen.
- Eine zweite Zählstufe ist das Weiterzähl-Verfahren: Dabei wird die bereits bekannte Menge nicht mehr gezählt, sondern von dieser ausgehend weitergezählt.
- Mit fünf Jahren beherrschen Kinder in der Regel das Kommutativgesetz. Sie vertauschen die Summanden, weil es sich dann besser zählen lässt (6 + 2 statt 2 + 6).
- Mit vier bis sieben Jahren wählen Kinder schon die besten Rechenverfahren aus.

Das kindliche Gehirn ist ein bereits strukturiertes Organ, das Fakten nur insoweit aufnimmt, als es sie in sein schon vorhandenes Wissen integrieren kann.

Wenn der Zahlensinn, das Gespür für Zahlen, in demselben Areal lokalisiert ist wie die Eindrücke von Hören, Sehen und Fühlen, so ist es nahe liegend, dass diese Sinneseindrücke für die Ausbildung des Zahlensinns mitverantwortlich sind.

Die Bedeutung der Sinne

Rechenschwache Kinder, bei denen in der Regel der Zahlensinn mangelhaft ausgebildet ist, wenn nicht sogar völlig fehlt, können durch eine Schulung der Sinne ein besseres Gespür für Zahlen erwerben.
Nach allgemeiner Ansicht verschiedener Fachdidaktiker für Mathematik eignet sich dafür am besten eine intensive Beschäftigung mit der Geometrie bereits im Vorschulalter. Der Arithmetik im Kopf des Kindes oder auch des Erwachsenen entsprechen räumliche oder zeitliche Bewegungsabläufe in einem vorgestellten Zahlenraum. Der vorgestellte Zahlenraum »kann nur über geometrische Aktivitäten aufgebaut werden, wobei Geometrie hier mehr als Schulung der Raumvorstellung, der Raum-Lage-Beziehungen, der visuellen Diskriminierung zu verstehen ist, nicht als Auswendiglernen von irgendwelchen Formen« (Lorenz, 2003).

Geometrie im Vorschul- und Grundschulalter

Die meisten Kinder lieben es, ihre Umwelt zu erkunden; sie beziehen allerlei räumliche Gebilde in ihre Spiele ein und sie schätzen in ihren Spielen Längen, Flächen und Inhalte ab, sie bauen Höhlen und kunstvolle Gebilde. Geometrie ist nach Brockhaus die »Beschäftigung mit den Eigenschaften und Sachverhalten des umgebenden physikalischen Raumes, wie der Gestalt von räumlichen und ebenen Gebilden und Berechnungen von Längen, Flächen und Inhalten von Figuren«.

Den Zahlenraum können sich Kinder über geometrische Aktivitäten, das Hantieren mit Körpern im Raum, aneignen.

Rechenschwache Kinder fallen häufig dadurch auf, dass sie die Beschäftigung mit geometrischen Formen ablehnen, da ihnen das Gespür für diese geometrischen Formen fehlt. Gespür können sie jedoch nur durch intensive Beschäftigung mit diesen Gebilden erwerben. Es lohnt sich also, gerade Kinder mit ablehnender Haltung für die Geometrie zu gewinnen.
Die folgenden Übungen sollen Ihnen dabei als Anregung dienen. Sie sind zu Hause im Spiel von Eltern und Kind jederzeit durchzuführen – und machen Spaß!

Kinder machen gern Erfahrungen in der Geometrie; bei vielen kindlichen Aktivitäten geht es um Geometrie.

Geometrische Formen als Körper (dreidimensional)

Wir lernen die wichtigsten räumlichen geometrischen Formen als Körper kennen: Quader, Würfel, Zylinder, Kugel.

Freies Bauen

Wir bauen aus diesen Formen verschiedene räumliche Gebilde und üben dabei räumliches Konstruieren und schulen unsere räumliche Vorstellung. Wir stellen fest, wie viele Kanten die Körper haben und wie viele Ecken. Dabei machen wir Erfahrungen im Schätzen von Längen und Abständen. Wir machen vielleicht auch die Erfahrung, dass die Kugel rollt und daher beim Bauen Schwierigkeiten macht, dass zwei aufeinander gestapelte Würfel manchmal gleich hoch sind wie ein Zylinder oder ein Quader und dann beim Konstruieren austauschbar sind. Wir experimentieren und beobachten, wir handeln und denken kreativ.

Bauen nach Plan

Wir bauen räumliche Körper nach und üben uns im genauen Hinschauen, Wiedererkennen der Formen, Links-rechts-Unterscheidung, Größenvergleich, Abzählen von Elementen, Erschließen von verdeckten Elementen. Dabei schulen wir uns ganz nebenbei im Ordnen und Klassifizieren. Wir schärfen unsere Wahrnehmung und verbessern unsere Feinmotorik.

Wir bauen und spielen mit Würfeln

Wir schulen dabei ebenso wie beim Bauen mit unterschiedlichen geometrischen Körpern unsere Wahrnehmung und räumliche Vorstellung.
Zum freien Bauen eignen sich am besten Würfel aus Holz – bunt oder naturfarbig – mit einer Kantenlänge von 2–2,5 cm. So entstehen Häuser, Türme, Säulen, Mauern, Brücken.

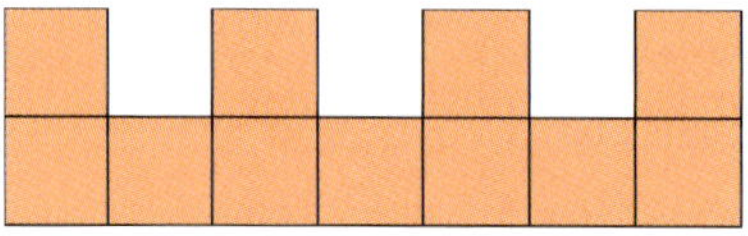

Wir können mit Würfeln auch Muster legen und nach Mustern bauen. Die folgenden Beispielmuster lassen sich sowohl horizontal legen als auch vertikal bauen.

Besonders reizvoll ist das Bauen nach Plänen. Nach einem Grundriss entsteht ein Gebäude. Die Zahlen zeigen dabei an, wie viele Würfel aufeinander gestapelt werden sollen (nach Nestle).

4	3	2	1
3	2	2	1
2	2	1	1
1	1	1	0

Die Bausteine von Schubi-Weber (aus dem bekannten Nikitin-Material, siehe Anhang S. 141) enthalten acht Holzbausteine und 48 Baupläne (von der Seite, von vorn, von oben).

Die farbigen Würfel von Schubi-Weber beinhalten je 45 grüne, blaue, gelbe und rote Holzwürfel und 21 Bauvorlagen.

Bauen aus dem Gedächtnis

Einen zusätzlichen Anspruch an die Vorstellungsfähigkeit stellt die folgende Vorgehensweise (nach Lorenz, 1993):

Vor den Augen des Kindes wird eine Figur aufgebaut und anschließend verdeckt. Das Kind baut die Figur aus dem Gedächtnis nach, hat aber dabei die Möglichkeit, nachzuschauen.

Variante: Eine Figur wird vor den Augen des Kindes aufgebaut und anschließend umgeworfen. Sie soll mit denselben Materialien wieder aufgebaut werden.

Oder: Eine unter einem Tuch aufgebaute Figur soll nach dem ertasteten visuellen Bild aufgebaut werden.

Langsam werden die Fähigkeiten des kleinen »Baumeisters« gefördert und gesteigert. Das schult das mathematische Verständnis, aber auch Feinmotorik und Planungsvermögen.

Geometrische Formen als Fläche (zweidimensional)

Wenn wir die bekannten geometrischen Körper auf ein Blatt Papier oder Karton legen und mit einem Stift umfahren, erhalten wir aus der Kugel einen Kreis, aus dem Quader ein Rechteck bzw. zwei Rechtecke, aus dem Würfel ein Quadrat, aus dem Zylinder ein Rechteck bzw. einen Kreis. Wenn wir die erhaltenen Formen ausschneiden, können wir sie auf einem großen Blatt Papier immer wieder umfahren und so Muster entwerfen. Wenn wir die Formen dann noch bunt ausmalen, entstehen wunderschöne bunte Kunstwerke: Wir können malen wie Vasarély.

1. Wir zeichnen Muster mit Quadraten

Aus geometrischen Körpern entstehen auf dem Papier wunderschöne – abstrakte – Kunstwerke.

2. Wir zeichnen Muster mit Dreiecken

3. Wir zeichnen Muster mit Quadraten und Dreiecken

4. Wir zeichnen Muster mit Quadraten, Dreiecken und Rechtecken

Der gestalterischen Fantasie sind keine Grenzen gesetzt – so wird, nebenher, Kreativität gefördert.

5. Wir gestalten mit geometrischen Formen ein Bild

6. Wir entwerfen mit geometrischen Formen ein Parkett

7. Wir setzen geometrische Folgen fort

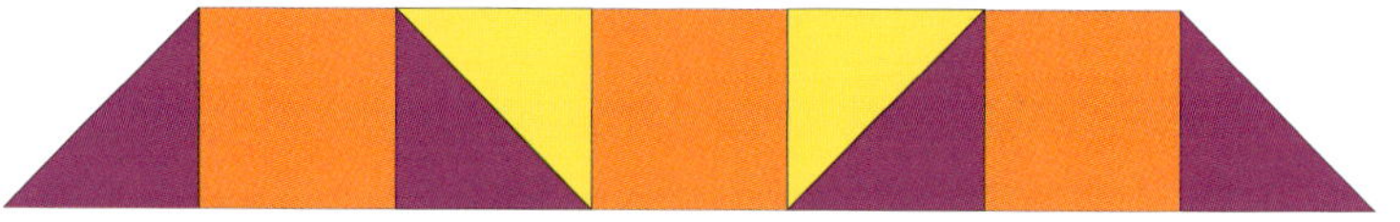

8. Wir entwerfen Muster, die sich wiederholen

Geometrische Formen bei Legespielen

Legespiele und -materialien gibt es in großer Auswahl im Lehrmittelhandel oder im Spielwarengeschäft.

Legespiele regen die Fantasie an, fördern die Fähigkeiten zur Formauffassung, Formunterscheidung und zur Raumvorstellung. Sie fördern das vorausschauende Denken. Im Folgenden ist eine kleine Auswahl als Anregung beschrieben:

Schau und leg nach (Schubi-Weber) enthält in drei Sets als Legefiguren 40 kleine und große Dreiecke, Rechtecke, Quadrate und Kreise in den Farben Rot, Gelb und Blau, zwölf bedruckte Kunststoffplatten zum Nachlegen von einfachen Bildern aus geometrischen Grundformen in verschiedenen Größen und Farben sowie zum Nachlegen abstrakterer Bilder.

Tangram: Legespiel, mit dem sich über 1600 verschiedene Figuren zusammensetzen lassen.

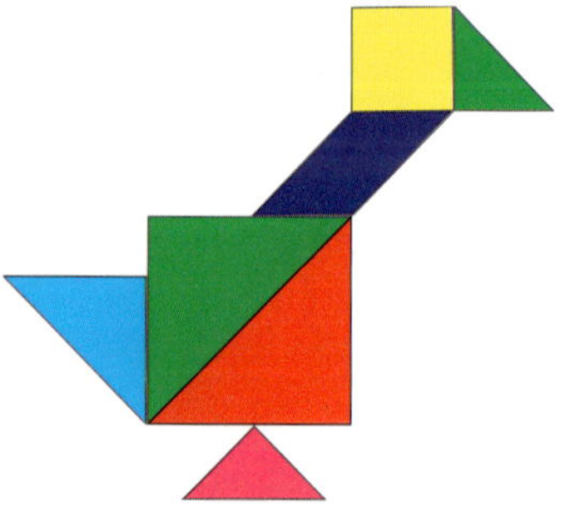

Tangram enthält sieben geometrische Formen, aus denen Menschen, Tiere, Bauwerke oder sonstige Gegenstände gelegt werden können. In jeder Legefigur sind alle sieben Teile zu verwenden (Radatz/Rickmeyer, 1991).

Indem wir gelegte Figuren mit einem Stift umfahren, können wir Schablonen selbst herstellen (vgl. Abbildung), nach denen unser Kind die Tangram-Teile auslegen kann. Wir können aber auch Vorlagen im Lehrmittelhandel erwerben.
Tangram (Schubi-Weber) enthält vier Legespiele aus Kunststoff in Rot, Gelb, Blau und Grün. Zusätzlich gibt es ein Beiheft mit Anleitung und Vorlagen für viele Gestaltungsmöglichkeiten.

Geometrische Formen im Alltag

Wenn wir uns gedanklich auf den Weg durch unseren Lebensalltag machen, können wir leicht ganz viele geometrische Formen entdecken. Machen wir ein Spiel daraus: Wer findet so lange, wie die Sanduhr läuft, die meisten Kreise oder Würfel oder Dreiecke usw. in der Umgebung?
Bei diesem Spiel denken die meisten Kinder sogleich an die verschieden geformten Verkehrszeichen: das Dreieck beim Vorfahrt-Achten-Zeichen oder beim Hinweis auf eine Baustelle, das Rechteck beim Ortsschild oder »Fußgängerüberweg«, der Kreis bei »Keine Einfahrt« oder »Halteverbot«, das schmale Rechteck bei »Einbahnstraße« usw.

Geometrische Formen sind in unserer Umgebung überall zu finden – die meisten Gegenstände lassen sich darauf zurückführen.

Auch in der häuslichen Umgebung lassen sich viele geometrische Formen finden: die Wanduhr oder Armbanduhr, der Teller oder die Pfanne als

Kreis, der Bilderrahmen oder der Fensterrahmen als Rechteck, der Untersetzer oder das Tischtuch als Quadrat, das Butterpaket oder der Margarinewürfel usw.

Das Geobrett

Auch das sog. Geobrett oder Geoboard ist gut geeignet, den Umgang mit geometrischen Formen zu trainieren.
Das quadratische Geobrett ist mit 25 Nägeln, Noppen oder Zapfen versehen, die regelmäßig über die Fläche verteilt sind (vgl. Abbildung).

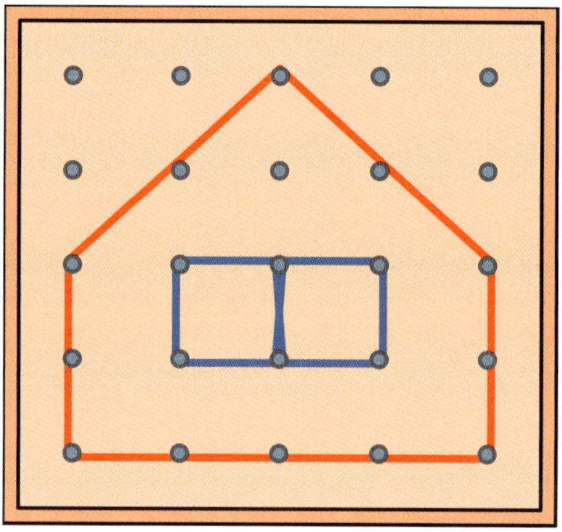

Mit verschiedenfarbigen und verschieden großen Gummiringen werden durch Umspannen der Nägel (bzw. Noppen, Zapfen) geometrische Formen selbst erzeugt. Handlung und Darstellung werden dabei miteinander verknüpft: Dabei werden gleichzeitig mehrere Sinne angesprochen.
Die folgenden thematischen Schwerpunkte können mit dem Geobrett bearbeitet werden (Nestle, 2003):

- Ebene Figuren, Symmetrie, Flächeninhalt, Umfang,
- Figuren konstruieren, Linien, Strecken, Wege, Winkel, Bruchteile.

Das runde Geobrett ist kreisförmig mit Nägeln (Noppen, Zapfen) versehen. Durch Umspannen entstehen Bruchteile, Kreissegmente, Dreiecke. Winkel können gut dargestellt werden.

Geobretter werden von verschiedenen Lehrmittelverlagen angeboten, z. B. von Schubi oder Betzold. Sie können mit etwas Geschick auch selbst hergestellt werden.

Entdeckungen im Zahlenland

Grundlegende Erfahrungen mit der Geometrie als Basis für die Entwicklung des Zahlbegriffs bei Kindern im Vorschulalter gehören auch zu einem Förderkonzept, das in den letzten Jahren für die Arbeit im Kindergarten entwickelt wurde.

Prof. Gerhard Preiß, ehemaliger Professor von der PH Freiburg, entwickelte das Projekt »Entdeckungen im Zahlenland«, um Kindern im Kindergarten grundlegende Erfahrungen mit Zahlen zu ermöglichen. Ziel des Projektes ist es, Kindern zu helfen, Wissen über die Welt aufzubauen und mit ihrem Leben zu verbinden. Zu diesem Konzept gehört eine enge Verbindung des Zahlbegriffs und des Rechnens mit der Geometrie.

Das Konzept wurde im Jahr 2002 zum ersten Mal mit Kindern im Alter von vier bis sechs Jahren erprobt. Inzwischen wird es an zahlreichen Kindergärten durchgeführt. Im Jahr 2003 wurde eine Übertragung auf das Home-School-System in Südkorea ausgearbeitet, wo das Projekt seit dem Frühjahr 2004 auf breiter Basis durchgeführt wird.

Der Aufbau des Zahlbegriffs im »Zahlenland« vollzieht sich im Rahmen von drei Erfahrungs- und Handlungsfeldern:

- Im »Zahlenhaus« wohnen die Zahlen; in der guten Stube die wichtigsten, die Zahlen von eins bis zehn.
- Auf dem »Zahlenweg« nähert man sich den Zahlen Schritt für Schritt. Das wichtigste Hilfsmittel ist hier das Zählen.
- In den einzelnen »Zahlenländern« herrscht jeweils eine bestimmte Zahl. Im Einerland gibt es alle Dinge nur einmal, im Zweierland treten alle Dinge zu zweit auf usw.

Diese mathematische Frühförderung dient nicht dazu, Inhalte und Methoden aus dem Mathematikunterricht der Grundschule in den Kindergarten vorzuverlegen, sondern man bietet »Kindern früh eine Gelegenheit, die Welt der Mathematik anschaulich und geometrisch und als ein mit ihrer Lebenswelt verbundenes ›Zahlenland‹ zu erkunden« (Preiß, 2004; vgl. www.zahlenland.info).

Im »Zahlenland« werden alltägliche Erfahrungen mit mathematischen Grundkonzepten verbunden – Mathematik wird so als etwas Lebenspraktisches erlebt.

Rechnen lernen durch Handlungsrechnen

So wie die »Entdeckungen im Zahlenland« in die Lebenswelt der Kinder eingebettet sind und der »Zahlenweg« als Weg zur Rechenhandlung aufgefasst wird, sollte auch beim Schulanfang das Rechnen mit konkretem Material, das sog. Handlungsrechnen, als altersgemäße Rechnungsform den Einstieg in die Mathematik erleichtern, um sicherzustellen, dass die Basistechniken verinnerlicht werden.

Vom konkreten Handeln über die bildhafte Vorstellung zu den Ziffern und Symbolzeichen – so vollzieht sich das Rechnenlernen.

Bereits die drei großen Pädagogen Piaget, Bruner und Aebli, die die Didaktik der Grundschule nachhaltig beeinflusst haben, betrachteten das Verstehen durch Be-greifen und Handeln als erste Entwicklungsstufe bzw. Repräsentationsebene beim Lernen.

Erst wenn diese Stufe durchlaufen ist, kann das Kind durch bildliche Vorstellung Verständnis erwerben. In dieser zweiten Entwicklungsstufe, der sog. »ikonischen Ebene« (nach Bruner), macht sich das Kind innere Bilder von dem Lerngegenstand: Im Fall der Mathematik sind das die Zahlen und ihre Verknüpfung durch die Rechenoperation.

Die dritte Entwicklungsstufe oder Repräsentationsebene beinhaltet das Verständnis von Ziffern und Symbolzeichen und ihre Anwendung.

Erst nach Durchlaufen aller Entwicklungsstufen sollte eine Automatisierung erfolgen, da sonst keine Verständnissicherung gewährleistet werden kann.

Die Entwicklung der Abstraktionsfähigkeit

Wenn ein Kind also diese Entwicklungsstufen durchläuft, muss es eine zunehmende Abstraktionsfähigkeit entwickeln, wobei es ihm aber möglich sein sollte, jederzeit auf die ursprüngliche Rechenhandlung mit konkretem Material zurückzugreifen. Aebli nennt diese Entwicklungsstufen auch Stufen der Verinnerlichung.

Was bedeuten diese Stufen in der Mathematik? Nehmen wir die Aufgabe:

$3 + 4 = 7$

In der Handlungsstufe werden z.B. nach Cuisenaire ein Dreier- und ein Viererstab aneinander gelegt, der Siebenerstab dient zum Vergleich, und man stellt fest: Der Dreier- und der Viererstab sind zusammen gleich lang wie der Siebenerstab (siehe S. 79ff.).

Benutzen wir die Bildebene, so muss die Rechenhandlung im Kopf stattfinden: Wir sehen die Stäbe vor unserem inneren Auge.

Die symbolhafte Darstellung muss auf die Rechenhandlung zurückführbar sein.

Auch das Schulbuch benutzt die ikonische Ebene. Hier finden wir z. B. ein Netz von drei und ein Netz von vier Apfelsinen abgebildet. Wenn wir die Apfelsinen in ein großes Netz zusammentun, dann haben wir darin sieben Apfelsinen, die vorgestellte Handlung des Zusammentuns lässt das Bild von sieben Apfelsinen im Kopf entstehen. Wir können die Apfelsinen auch in unser Heft malen, dann wird die Vorstellung durch die Handlung des Malens vertieft.

Erst wenn wir uns Bilder im Kopf machen können und die Rechenhandlung im Kopf abläuft, können wir die Rechenaufgabe als Gleichung aufschreiben: 3 + 4 = 7.

Mathematik zum Anfassen

Einigkeit besteht unter den Didaktikern der Mathematik, dass rechenschwache Kinder länger handelnd rechnen müssen als andere Kinder. Der Transfer von der Handlungsstufe in die Bildstufe gelingt ihnen oft recht spät. Erst wenn das Kind die Rechenhandlung verinnerlicht hat, kann auf Material verzichtet werden. Rechenschwache Kinder nennen in der Regel selbst den Zeitpunkt, an dem das Material überflüssig wird.

Wichtig ist auch, dass das konkrete Rechenmaterial, das ein rechenschwaches Kind für die Rechenhandlung benutzt, nicht ständig gewechselt wird. Wir sollten also nicht heute Kastanien, morgen Legesteine und übermorgen Steckwürfel zum Rechnen benutzen, in der Hoffnung, dass durch die Anwendung vieler verschiedener Materialien verschiedene Sinne zum Einsatz kommen und dadurch schon irgendwann ein Verständnis für die Rechenhandlung entsteht.

Das Kind macht nämlich seine Vorstellung zunächst am Material fest. Wird das Material geändert, so kippt damit auch die Vorstellung; und diese ist bei einem rechenschwachen Kind ohnehin nicht sehr stabil, sondern im Gegenteil sehr zerbrechlich. Bei jeder Materialänderung müsste die Vorstellung jeweils geändert werden, was im kindlichen Kopf einige Verwirrung auslöst.

Im Folgenden werden drei Materialien zum Anfassen und Be-greifen vorgestellt, bei denen Anwendungsweise und Handhabung vergleichbar sind. Alle drei Materialien eignen sich für den Einsatz im Handlungsrechnen bei Rechenschwäche. Auch hier gilt: Ein Materialwechsel ist kontraproduktiv. Jedes Material hat dabei seine Besonderheiten, die beim Einsatz Berücksichtigung finden sollten.

Farbige Stäbe

Die farbigen Stäbe, auch als Cuisenaire-Stäbe bekannt, sind Stäbchen aus Holz von unterschiedlicher Länge, wobei die Maßeinheit 1 Kubikzentimeter beträgt. Die Zahlen von 1 bis 10 werden dabei durch Stäbe von 1 bis 10 Kubikzentimeter repräsentiert.

Cuisenaire hat wohl ganz bewusst auf eine Strukturierung der Stäbe in Bezug auf die Menge verzichtet: Die Stäbe haben keine Kerbungen oder sonstige Markierungen, um die jeweils repräsentierte Menge anzuzeigen, sondern sie sind einfach nur farbig; daher heißen sie auch »Farbige Stäbe«. Die Zahlen von 1 bis 10 werden dabei jeweils einer Farbe zugeordnet. Diese Zuordnung ist nicht zufällig, sie weist Assoziationen zu den Farbmischgesetzen, die wir von unserem Malkasten her kennen, auf, oder sie hat eine symbolische Bedeutung:

- Der Einer ist weiß: Er kommt in allen Zahlen des Zehnerraums vor. Der Siebener ist schwarz: Als Primzahl lässt er sich nur durch sich selbst teilen, er ist in keiner der anderen Zahlen enthalten.
- Der Zweier ist hellrot und der Vierer dunkelrot (Hellrot + Hellrot = Dunkelrot: Zwei Zweier entsprechen einem Vierer).
- Der Dreier ist hellgrün und der Sechser dunkelgrün (Hellgrün + Hellgrün = Dunkelgrün: Zwei Dreier entsprechen einem Sechser).
- Der Fünfer ist gelb und der Zehner ist orange (Gelb + Gelb = Orange: Zwei Fünfer entsprechen einem Zehner).
- Der Achter ist braun (Hellgrün + Hellgrün + Hellrot = Braun: Zwei Dreier und ein Zweier entsprechen einem Achter, oder: Dunkelgrün + Hellrot = Braun: Ein Sechser und ein Zweier entsprechen einem Achter).
- Der Neuner ist blau. Drei Hellgrüne oder ein Dunkelgrüner und ein Hellgrüner entsprechen einem Neuner.
  Auch ein Gelber und ein Dunkelroter oder drei Hellrote und ein Hellgrüner usw. entsprechen einem Neuner.

Wir sehen: Bei dem Neuner klappt es nicht mehr mit der Farbmischung.

Die Cuisenaire-Stäbe wurden um 1930 von einem belgischen Dorfschullehrer namens Cuisenaire erfunden und tragen daher auch seinen Namen.

Holz, das Material der Cuisenaire-Stäbe, hat Aufforderungscharakter: Kinder fühlen sich von dem Material angesprochen und nehmen es gern in die Hand.

Die blaue Farbe ist als Mischung nicht herstellbar und bildet daher eine Ausnahme.

Die farbigen Stäbe sind aus folgenden Gründen besonders gut für das Handlungsrechnen geeignet:

1. Die Stäbe sind aus Holz, einem Naturprodukt, hergestellt. Sie sind farbig. Mit der Stabform lässt sich gut hantieren. Sie eignen sich nicht nur zum Rechnen, sondern auch zum Bauen.
2. Das Material eignet sich zum zählenden Rechnen, der ersten Stufe des Rechnens, die natürlich auch beherrscht werden sollte. Auf diese Weise beginnen alle Kinder zu rechnen. Die Einerwürfel können dazu verwendet werden. Es ist aber besonders gut geeignet - und das ist sehr wichtig -, um das zählende Rechnen abzulösen. Beim zählenden Rechnen merken die Kinder in der Regel sehr schnell, dass das Auslegen der Zahlen mit Einerwürfeln sehr aufwändig ist und durch den Einsatz der Stäbe deutlich vereinfacht wird. Da rechenschwache Kinder dazu neigen, alle Rechenoperationen zählend zu erledigen, bietet der Einsatz der Stäbe die Möglichkeit, die verfestigten Zählstrategien durch Rechnen mit gegliederten Zahlen zu ersetzen.
3. Wird die Bedeutung der Farben bewusst gemacht, so kann damit die Bedeutung der Rechenstrategien des Halbierens und Verdoppelns unterstützt werden. Der immer wieder von Didaktikern gegen das Material erhobene Vorwurf, dass Kinder statt mit Zahlen mit Farben rechnen (z.B. Hellgrün + Hellgrün = Dunkelgrün) trifft nicht zu, wenn die Zahlvorstellung an der Länge und der darin enthaltenen Menge didaktisch festgemacht wird. Das kann erreicht werden, wenn man die Länge der Stäbe ohne Hinschauen mit geschlossenen Augen ertasten lässt. Die meisten Kinder bekommen bei genügender Übung ziemlich schnell ein Gefühl für die unterschiedlichen Längen und können dann die Länge sowohl der Menge als auch der Farbe und der Zahl zuordnen. Diese Fähigkeit unterstützt gleichzeitig das Schätzvermögen, das bei rechenschwachen Kindern in der Regel kaum oder gar nicht vorhanden ist.
4. Das Material eignet sich außerdem hervorragend dazu, die Rechenoperation handelnd zu erledigen. Wir machen die Rechenoperation 3 + 4 = 7 bewusst, indem wir einen Dreier an einen Vierer anlegen und anschlie-

ßend mit der Länge des Siebeners vergleichen. Dazu wird laut gesprochen: Ein Dreier und dazu ein Vierer ist gleich lang wie ein Siebener. Ein Vorteil bei dieser Art, die Stäbe zu legen, besteht darin, dass der Hergang der Operation auch nach Beenden der Rechenhandlung sichtbar bleibt, während bei anderen Materialien nach Beenden der Rechenhandlung nur noch das Ergebnis sichtbar ist.

5. Das Material erlaubt unterschiedliche Lösungswege. Wenn wir uns z.B. überlegen, welche Rechenoperationen zu der Zahl 12 führen, können durch Legen verschiedener Stäbe-Kombinationen ganz unterschiedliche Rechenoperationen gefunden werden:
   12 = 12 Einer
   12 = 2 + 2 + 2 + 2 + 2 + 2 = 6 x 2
   12 = 3 + 3 + 3 + 3 = 4 x 3
   12 = 4 + 4 + 4 = 3 x 4
   12 = 6 + 6 = 2 x 6
   12 = 5 + 7 = 5 + 5 + 2 = 2 + 3 + 3 + 4 usw.
   12 = 8 + 4 = 5 + 3 + 4 = 2 + 3 + 3 + 2 + 2 usw.
   Wenn wir die verschiedenen Kombinationen untereinander legen, ergibt sich ein schönes buntes Teppichmuster: Wir können es Zwölferteppich nennen. Auf diese Weise kann man mit allen Zahlen im Zwanzigerraum verfahren.

6. Mit den Farbigen Stäben lassen sich alle Rechenoperationen des Hunderterraums in Bezug auf Addition, Subtraktion, Multiplikation und Division handelnd erarbeiten. Eine Erweiterung über den Hunderter hinaus ist mithilfe der Hunderterplatten und Tausenderblöcke (siehe Zehnersystem-Blöcke, unten) möglich.

Zehnersystem-Blöcke (DIENES-Material)

Das Dienes-Material gleicht dem Cuisenaire-Material in Bezug auf die Darstellung der Einer als Kubikzentimeterwürfel und des Zehners als Zehnerstab mit der Länge 10 cm. Dazu gibt es noch Hunderterplatten und Tausenderwürfel.

Die Zehnersystem-Blöcke, auch Mehrsystem-Blöcke oder Merkmalblöcke genannt, sind nach dem ungarischen Mathematiker Dienes, der sie entwickelte, benannt.

Das Material wird in verschiedenen Lehrmittelverlagen aus Holz oder Plastikmaterial angeboten. Meistens ist es naturfarbig; man findet es aber

Zehnersystem-Blöcke

auch eingefärbt: Die Hunderterplatte ist dann meistens rot, der Zehnerstab blau und der Einerwürfel weiß oder schwarz.

Im Unterschied zu Cuisenaire ist der Zehnerstab im Abstand von 1 cm eingekerbt, sodass die Anzahl von 10 Einern, die durch den Stab repräsentiert werden, erkennbar ist. Ebenso ist die Hunderterplatte mit Einkerbungen versehen, die die Repräsentation von hundert Einern erkennen lassen (siehe Abbildung oben).

Die Einkerbungen sind von Vorteil, wenn es darum geht, die Vorstellung der Menge, die durch den Zehner und die Hundertertafel repräsentiert werden, ins Bewusstsein zu rufen. Sie sind von Nachteil, wenn rechenschwache Kinder einzig Zählstrategien verinnerlicht haben, um Rechenoperationen durchführen zu können. Diese Kinder werden bei der Anwendung weiter zählend rechnen, wenn sie die Einkerbungen sehen. Falls diese Gefahr besteht, kann der Zehnerstab auch umgedreht werden, sodass die ungekerbte Seite nach oben zeigt und das Kind sich daran gewöhnt, die Menge 10 in den Stab hineinzusehen oder hineinzudenken. Empfehlenswert ist auch, einige Zehnerstäbe in der Mitte durchzusägen, um damit zwei Fünferstäbe zu erhalten, damit das Auslegen der Einer-Zahlen vereinfacht wird.

Das Material eignet sich sehr gut dazu, das Bündelungsprinzip – 10 Einerwürfel entsprechen einem Zehnerstab – zu verdeutlichen. Auch das Stellenwertprinzip lässt sich gut darstellen, wenn das Material bei der Zahlendarstellung in der Reihenfolge der Stellenwerte gelegt wird.

Daher lassen sich die mit Material gelegten Ziffern ganz einfach in die Stellenwerttafel übertragen. Auch eine zeichnerische Übertragung ist in Form von Quadraten, Strichen und Punkten leicht möglich (siehe Abbildung unten) – und empfehlenswert!

Das DIENES-Material eignet sich sehr gut dazu, das Stellenwertprinzip zu vermitteln.

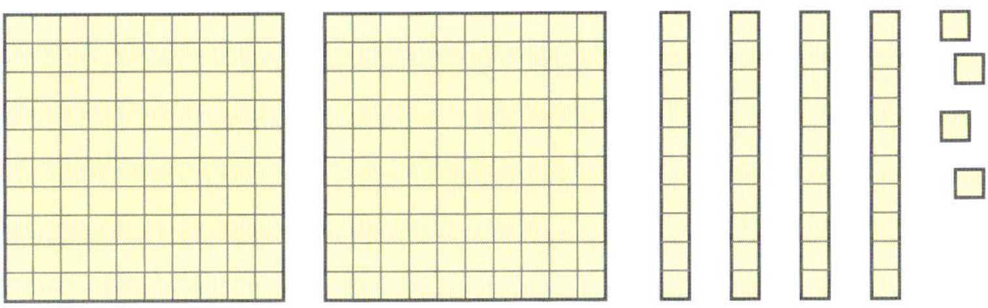

H	Z	E
2	4	4

Das Spectra-Material eignet sich für verschiedenste Rechenoperationen.

Die Spectra-Rechenstäbe

Die Spectra-Rechenstäbe repräsentieren die Zahlen von 1 bis 10 – ähnlich wie bei den Farbigen Stäben – durch unterschiedlich lange Holzstäbe mit der Grundlänge 1 cm. Anders als bei diesen gibt es die Stäbe nur in zwei Farben: in Rot und in Blau. Dadurch lassen sich die verschiedenen Komponenten einer Rechenoperation sehr gut beim Auslegen des Materials voneinander abgrenzen. Eine Zentimetereinteilung mit der Farbe Weiß macht bei jedem Stab die Mengenrepräsentation bewusst. Da die Fünfergrenze durch einen besonders breiten Strich gekennzeichnet ist, werden die Kinder nicht zum Zählen verleitet: Jede Stablänge ist mit einem Blick gut erkennbar und kann dadurch ohne weiteres der entsprechenden Zahl zugeordnet werden.

Ein ausreichend langes Training der Simultan- bzw. Quasi-Simultanmengenerfassung mithilfe der Einerwürfel schult dabei den Blick für die Menge, die dem jeweiligen Stab zugeordnet werden muss. (Die Einerwürfel werden in den Stab hineingesehen.)

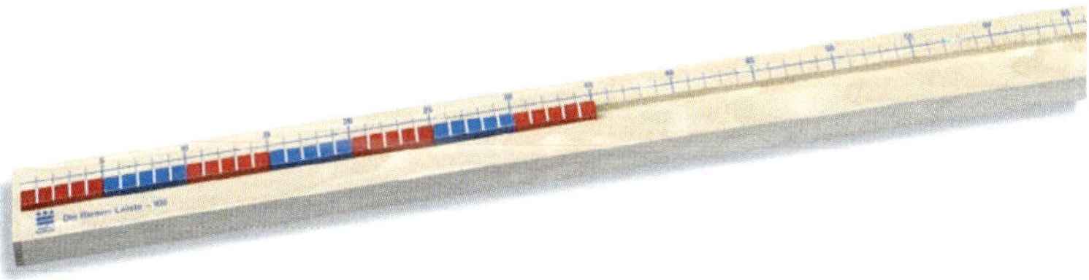

Spectra-Rechenleisten

Das Material wird ergänzt durch eine Minileiste (30 cm lang) und eine Riesenleiste (100 cm lang). Beide Leisten haben eine Zentimeter-Einteilung (mit den Zahlen bis 30 bzw. bis 100) und eine Vertiefung für das Legen der Rechenstäbe.
Die kleine Leiste eignet sich zum Addieren und Subtrahieren im Zahlenraum bis 30, die große zum Addieren und Subtrahieren bis 100 sowie zum Malnehmen und Teilen im Hunderterraum.

Das Spectra-Hunderter-Brettchen

Ein weiteres Arbeitsmittel für alle Rechenoperationen im Hunderterraum ist das Spectra-Hunderterbrettchen. Es ist ebenfalls aus Holz und stellt ein

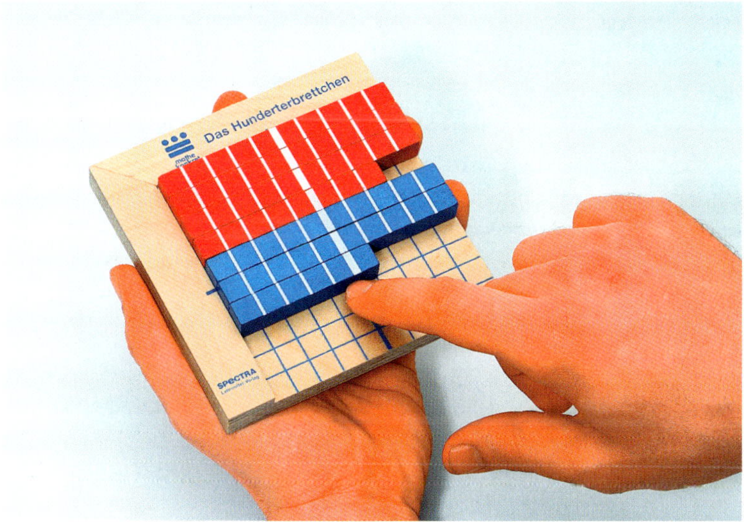

Am Hunderterbrettchen lassen sich wichtige mathematische Darstellungen veranschaulichen.

Hunderterfeld (mit den Maßen 10 x 10 cm) dar. Zur Markierung dient ein blaues aufgezeichnetes Gitter. Um das Anlegen zu erleichtern, wurde an zwei Seiten (links und oben) eine Anlegeleiste angebracht.

Das Hunderterbrettchen eignet sich sehr gut zum Verdeutlichen verschiedener mathematischer Darstellungen:

- Zählen bis 10 (Legen einer Treppe) unter Hervorhebung der Mächtigkeit der Zahlen.
- Es eignet sich des Weiteren zum Zählen bis 100 unter Hervorhebung des kardinalen und ordinalen Aspektes der Zahlen.
- Addieren und Subtrahieren ist mit und ohne Zehnerüber- bzw. Unterschreitung durchführbar.
- Die Strategien des Verdoppelns und Halbierens lassen sich darstellen.
- Einmaleins-Felddarstellungen lassen sich gut visualisieren.
- Das Kommutativgesetz (Möglichkeit der Vertauschbarkeit der beiden Faktoren bei der Multiplikation) lässt sich durch Drehen des Brettchens verdeutlichen (z.B. 3 x 4 = 4 x 3).
- Ebenso lässt sich das Kommutativgesetz bei der Addition (Vertauschbarkeit der beiden Summanden) durch Auslegen auf dem Hunderterbrett visualisieren und erklären (z.B. 3 + 4 = 4 + 3).

Das Spectra-Tausender-Material

Das Spectra-Material für den Hunderterraum ist durch verschiedene Bausteine auf den Tausenderraum erweiterbar:

Rechenblöcke im Holzsortierkasten: 135 Einer, 4 Fünfer, 20 Zehner, 20 Hunderter, je zur Hälfte in Rot und Blau, 2 Fünfhunderter, 1 Tausender, Tausenderbrett, Stellenwertbrett, Rechenbrett, Zahlenstreifen (Einer-, Zehner-, Hunderter-, Tausenderzahlen), Rechenstreifen.

Schule ist im Umbruch. Heute wird nach neuen Methoden und Formen des Lernens gesucht: nicht einfach nachmachen, sondern selbst entdecken und verstehen.

Das aktiv entdeckende Lernen

Die heutige Schule ist eine Schule im Wandel. Aufgeschreckt durch den PISA-Schock, wurde die Sinnhaftigkeit der bisherigen Lehrpläne (Stoffpläne als Input) infrage gestellt und – nach dem Vorbild der skandinavischen Länder – Bildungsstandards erhoben (Bildungsziele als Output), die es zu erreichen gilt.

Das heißt in Bezug auf das Fach Mathematik: Es geht nicht mehr um kleinschrittiges Lehren und Lernen mit dem Lehrer vorn an der Tafel im Sinne von Vormachen und Nachmachen, sondern es geht um den Erwerb von Verständnis mit dem Lehrer im Hintergrund.

Dabei werden Kernideen in den Mittelpunkt gestellt, die von den Kindern nach dem Prinzip des aktiv entdeckenden Lernens selbst gefunden und erarbeitet werden. Nachdem man weiß, dass Kinder viel mehr voneinander und miteinander lernen können als vom Lehrer, spielen die Partnerarbeit und die Arbeit in der Gruppe eine besondere Rolle.

Kinder lernen voneinander mehr als von ihren Lehrern. Sie lernen dabei durch eigenes Probieren und selbstständiges Formulieren in der Gruppe.

Bei den mathematischen Kernideen geht es um Raum und Ebene, Körper und Fläche, um Muster und Symmetrien, um Maße und Größen und schließlich um die Zahl. Es gilt, Zahlbeziehungen zu entdecken, Strukturen zu erkennen, Schätzvermögen zu entwickeln, um Schritt für Schritt einen »Zahlensinn« zu entwickeln.

Kinder lernen nun durch Erproben, Vergleichen, Bewerten, Begründen, Diskutieren in der Gruppe; das geschieht weniger durch Zuhören als vielmehr durch selbstständiges Formulieren und eigenes Tun. Dabei bekommt konkretes Lernmaterial wie das eben vorgestellte eine besondere Bedeutung, da es Anreize für eben diese Tätigkeiten bietet.

Im nächsten Kapitel sollen nun mathematische Übungen und Vorgehensweisen vorgestellt werden, die als Grundlage, sozusagen als Basiswissen, für vom Kind selbst zu entwickelnde eigene Strategien dienen können.

Übungen zum Handlungsrechnen

Wissenschaftlich konnte nachgewiesen werden: Rechenschwache Kinder haben Schwierigkeiten, Anzahlen von bis zu vier Gegenständen simultan, d.h. mit einem Blick, zu erfassen – innerhalb einer Sekunde, ohne zu zählen. Erst recht fällt es ihnen schwer, Anzahlen von mehr als vier Gegenständen quasi-simultan (gleichsam mit einem Blick) zu erkennen, denn es fehlt ihnen ein Mengenverständnis.

Dazu sollte man wissen: Anzahlen größer als 4 lassen sich vom menschlichen Auge grundsätzlich nicht mit einem Blick erfassen, wenn sie dem Auge nicht in mindestens zwei Teilmengen, also gegliedert, angeboten werden: Die Anzahl 8 z.B., gegliedert in die Anzahlen 4 und 4.

Die Zahlgliederung

Beide Fähigkeiten, das simultane und das quasi-simultane Erfassen, werden benötigt, wenn es um die gegliederte Vorstellung von Zahlen im Zahlenraum bis 10 geht. Das heißt: Alle Zahlen im Zahlenraum bis 10 sollten in ihren Zusammensetzungsmöglichkeiten präsent sein, z.B. die 5 als 3 und 2 oder 4 und 1.

Diese gegliederte Zahlvorstellung ist wichtig für das Verständnis der Zehnerüberschreitung bzw. -unterschreitung: Sowohl bei der Addition als auch bei der Subtraktion im Zwanzigerraum und über diesen hinaus, wenn diese Rechenoperationen nicht durch zählendes Rechnen gelöst werden sollen.

Das zählende Rechnen ist zwar durchaus eine Rechenstrategie, die richtige Ergebnisse liefern kann. Besonders wenn die Zahlen größer werden, ist sie jedoch sehr fehlerträchtig (Zählfehler) und langwierig, weshalb möglichst bald das Rechnen mit gegliederten Zahlen angestrebt werden sollte.

Bei der Addition mit Zehnerüberschreitung rechnen wir gewöhnlich in zwei Schritten: Wir rechnen zuerst von der Ausgangszahl, dem ersten Summanden, bis zur 10, danach addieren wir den verbleibenden Rest der zu addierenden Zahl.

Bei dieser Vorgehensweise wird der zweite Summand als Operator aufgefasst und also in zwei Teile gegliedert, weshalb diese Methode auch Operatorkonzept genannt wird. (Bei der Rechnung 7 + 8 kann die 8 gegliedert werden in 3 + 5 und so die 10 überschritten werden; es wird gerechnet: 7 + 3 + 5.)

Die Aufgliederung von Zahlen in einzelne Teile ist unerlässliche Voraussetzug für das zehnerübergreifende Rechnen.

Auch bei der Subtraktion mit Zehnerunterschreitung kann der Operator entsprechend gegliedert werden und so die 10 unterschritten werden. (Bei der Rechnung 17 - 9 wird die 9 gegliedert in 7 und 2, damit 17 - 7 - 2 gerechnet werden kann.) Auch wenn andere Strategien angewendet werden, wie z.B. das Teile-Ganzes-Konzept, Verdoppeln, Halbieren, Rechnen mit der 10 oder die Kraft der Fünf ausnutzen, ist es wichtig, das gegliederte Erfassen zu beherrschen; es gehört zu den Basistechniken der Mathematik.

Der Zahlzerlegungskasten

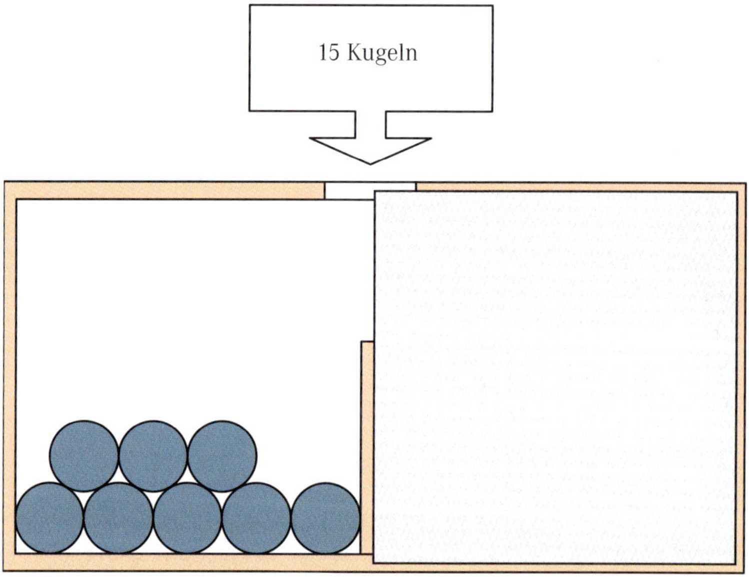

Eine gute Hilfe, die Zahlzerlegung zu trainieren, bietet der Zahlzerlegungskasten. Er enthält in der Mitte eine Unterteilung, die zur Zerlegung einer bestimmten Anzahl von Kugeln dient, die in den Kasten hineingetan werden. Die Länge des Kastens sollte dabei so bemessen sein, dass genau fünf Kugeln auf den Boden einer Hälfte passen, um die Simultanerfassung zu erleichtern. Durch Schütteln des Kastens entstehen zu beiden Seiten immer neue zufällige Anzahl-Kombinationen, wodurch das gliedernde Er-

Die Zahlengliederung gehört zu den Basistechniken der Mathematik.

fassen der eingegebenen Menge trainiert werden kann. Die Anzahl der Kugeln kann nach Bedarf verändert werden.
Durch Abdecken von einer Hälfte des Kastens ergibt sich für das Kind die Möglichkeit des selbstständigen Trainierens. Die verdeckte Anzahl muss dabei zunächst bestimmt werden, bevor durch Aufdecken des Kastens kontrolliert werden darf.
Dieses Arbeitsmittel ist sehr gut geeignet, die verschiedenen Zusammensetzungsmöglichkeiten der Zahlen im Zehnerraum und darüber hinaus zu trainieren. Es wird von verschiedenen Lehrmittelverlagen angeboten.

Wenn das Kind alle Zahlen im Zahlenraum bis 10 in allen Gliederungsmöglichkeiten mit einem Blick erfassen kann – der sog. »Blitzblick« –, ist bereits eine große Hürde genommen.

Die simultane Mengenerfassung

Die simultane Mengenerfassung kann ebenfalls leicht und effektiv mit den im vorigen Kapitel vorgestellten Materialien (Cuisenaire, Dienes oder Spectra) trainiert werden.
Wir benutzen dafür die Einerwürfel des ausgewählten Materials und beginnen die Übung mit Anzahlen bis 4. Dazu werden z.B. 3 Einerwürfelchen unter einem Würfelbecher oder dem Deckel des Sortierkastens versteckt, ohne dass das Kind die Menge sieht. Dann wird die Menge nur eine Sekunde lang aufgedeckt und gleich danach wieder zugedeckt. In dieser kurzen Zeitspanne kann das Kind nicht zählen: Es ist gezwungen, mit einem Blick alle 3 Würfel gleichzeitig zu erfassen.
Diese Übung sollte bei Anzahlen bis 4 bei unterschiedlichen Anordnungen der Würfel gelingen.

Die quasi-simultane Mengenerfassung

Ist die zu erfassende Anzahl größer als 4, trainieren wir das Erfassen quasi-simultan. In diesem Fall müssen die Anzahlen strukturiert in zwei oder mehrere Gruppen angeordnet werden. Diese gilt es mit einem Blick, gleichsam simultan, zu erfassen. Denn – wie wir schon festgestellt haben – es können alle Anzahlen größer als 4 vom menschlichen Auge – ohne zu zählen – nur in Gruppen von strukturierten Anzahlen (mit max. 4–5 Elementen) aufgenommen werden.
Wir benutzen wieder die Einerwürfel und beginnen mit der Menge 5. Dabei arbeiten wir wieder mit Abdecken und kurzzeitigem Aufdecken (eine Sekunde). Die 5 wird dem Kind dabei jedoch nicht ungeordnet gezeigt;

es könnte sie sonst nicht mit einem Blick erfassen, sondern sie wird gegliedert in 4 und 1 oder 3 und 2.
Dieses gliedernde Erfassen üben wir mit Anzahlen bis einschließlich 10.

Die Zählhandlung

Wie wir bereits zuvor gesehen haben, ist das kardinale Verständnis von Zahlen eine wichtige Voraussetzung für den Erwerb von mathematischer Kompetenz. Es liegt dem Rechnen mit gegliederten Anzahlen zugrunde und setzt ein Mengenbewusstsein, ein Bewusstsein von der Mächtigkeit der Zahlen voraus.

Das Zählen ist und bleibt die Basis für das erste Rechnen.

Dennoch bleibt das Zählen und damit das ordinale Verständnis des Zahlenraums die Basis für das erste Rechnen. Es gibt dem Kind Sicherheit, vor allem, wenn es die Finger zu Hilfe nehmen kann. Das Zehnersystem ist z. B. für das zählend rechnende Kind kein Problem; es zählt einfach über den Zehner hinaus weiter, und daher ist es nicht weiter verwunderlich, dass rechenschwache Kinder das zählende Rechnen nicht aufgeben wollen.

Das zählende Rechnen

Zählendes Rechnen zu üben macht Sinn, wenn das Zählen, die Vorgänger- und Nachfolgerbestimmung von Zahlen und das Wissen, dass sich bei aufsteigendem Zählen auch die Menge der gezählten Elemente vergrößert, noch nicht sicher beherrscht werden. Diese Rechenmethode wenden schon die meisten Vorschulkinder an. Sie sollte in der Schule durch Rechnen mit gegliederten Anzahlen ersetzt werden.
Im Folgenden soll dargestellt werden, wie das Zählen mit den vorgestellten Lernmaterialien vor sich geht.

Zählen mit farbigen Stäben

Da Cuisenaire den Kubikzentimeterwürfel als Recheneinheit vorgegeben hat, beginnen wir mit dem Einerwürfel und zählen weiter, indem wir immer einen weiteren Einer hinzufügen (vgl. Abbildung S. 93 oben).
Um das Auslegen zu vereinfachen, hat Cuisenaire die Stäbe erfunden, die bei Anzahlen größer als eins statt der Einerwürfel verwendet werden. Es entsteht eine Treppe:

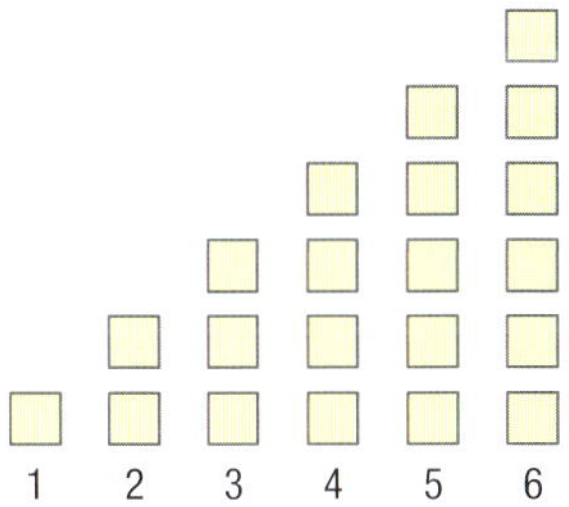

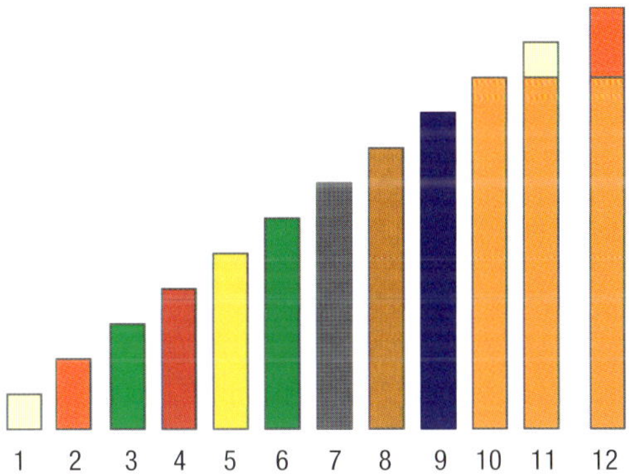

Zahldarstellung mit Zehnersystemblöcken

Beim Dienes-Material ersetzen wir fünf Einer durch einen Fünfer (halbierter Zehner). Die Zahl 12 wird durch einen Zehner und zwei Einer dargestellt (vgl. Abbildung).

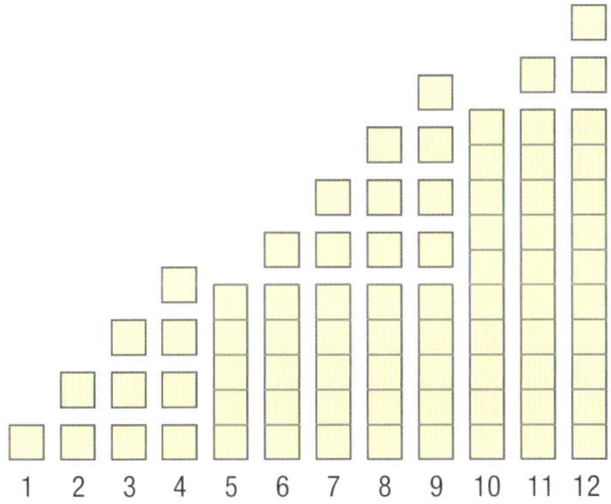

Diese Darstellung lässt sich auch mit den Einerwürfeln von Cuisenaire bzw. Spectra durchführen.

Zählen mit Spectra-Material

Beim Spectra-Material zählen wir wie bei Cuisenaire: Jeder Zahl entspricht ein Stab mit der zugehörigen Länge bzw. Menge, die bei Spectra allerdings nicht farblich – wie bei Cuisenaire – kenntlich gemacht ist, sondern durch weiße Striche strukturiert wird. Um zu verhindern, dass das Kind beim Zählen die Einkerbungen zählt, sollte die Stablänge immer wieder mit der entsprechenden Einermenge verglichen werden.

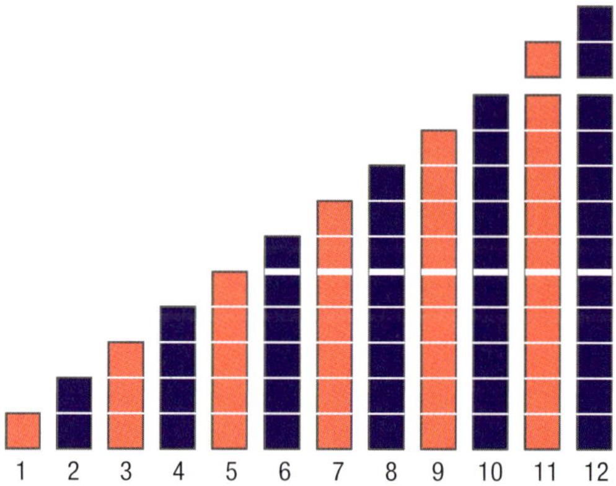

Die Addition verstehen

Wegen der Zweifarbigkeit des Materials lassen sich die beiden Komponenten der Addition gut erkennen.

Nach der herkömmlichen Didaktik der Mathematik wird die Rechenhandlung bei der Addition als ein Dazutun oder Hinzufügen betrachtet. Zu einer bereits vorhandenen Anzahl von Gegenständen wird eine weitere dazugetan und diese Handlung wird mit dem Plus-Zeichen (+) ausgedrückt. Plus heißt damit »dazu«.

Das »Dazu-Tun« ist für Kinder vom Kleinkindalter an eine häufige, beliebte und bald selbstverständliche Handlung. Sie erwerben das Verständnis der Addition bei Alltagshandlungen und im Spiel praktisch nebenbei.

Rechenschwache Kinder bekommen jedoch oft erst eine Vorstellung von dieser Rechenoperation, wenn sie die Rechenhandlung immer wieder mit konkretem Material bewusst durchführen und dazu sagen, was sie tun. Bei ihnen fehlt noch das Verständnis dieser Handlung.

Dabei liegt der Schwerpunkt beim Vorstellungserwerb nicht so sehr bei der Handlung selbst, sondern bei der Reflexion über die Handlung, die durch begleitendes Sprechen unterstützt wird.

Die Addition im Zehnerraum

Exemplarisch für die Addition im Zahlenraum bis 10 wollen wir im Folgenden die Additionsaufgabe 3 + 4 = 7 mit den drei vorgestellten Materialien durchführen.

Zunächst muss der Zehnerraum sicher beherrscht werden.

Die Addition 3 + 4 = ? bei Cuisenaire

Wir legen einen Viererstab an einen Dreierstab und finden dann heraus, welcher Stab genauso lang ist wie beide Stäbe zusammen. Diesen Stab – es ist der Siebenerstab – legen wir zum Vergleich unter die beiden Stäbe; er stellt das Ergebnis unserer Operation dar. Wir stellen laut fest: »Ein Dreier und ein Vierer sind gleich lang wie ein Siebener.«
Bei diesem Verfahren bekommen wir ein Bewusstsein von der Bedeutung des Gleichheitszeichens und von der Gleichung.

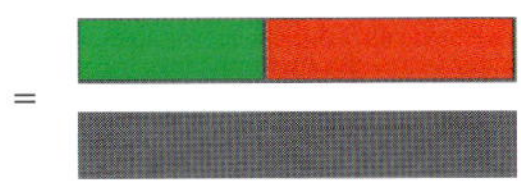

3 + 4 = ? mit Zehnersystemblöcken

Wir legen zu 3 Einerwürfeln 4 Einerwürfel dazu und stellen fest, indem wir abzählen oder besser mit einem Blick erfassen: Es sind insgesamt 7 Würfel. Das Erfassen mit einem Blick fällt uns leichter, wenn wir eine Dreiergruppe bilden und separat eine Vierergruppe. Wir können auch eine Würfelfünf und eine Zweiergruppe legen (nach Schulz).

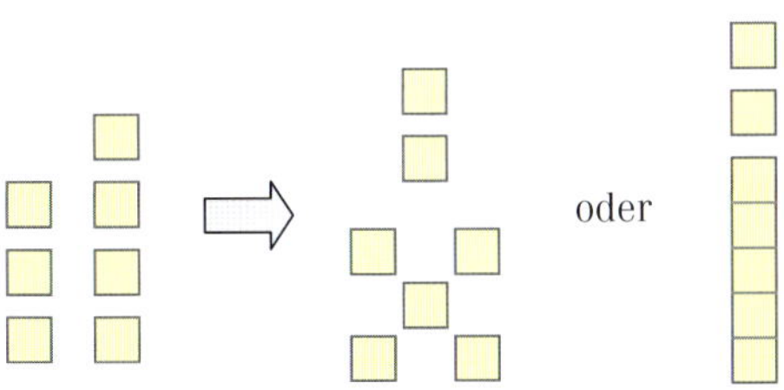

Diese Darstellung lässt sich auch mit den Einerwürfeln von Cuisenaire bzw. Spectra durchführen.

Durch Zergliedern ist auch der Zehnerübergang zu bewältigen.

3 + 4 = ? bei Spectra

Da das Spectra-Material mit den gleichen Stablängen arbeitet wie das Cuisenaire-Material, kann die Rechenoperation natürlich auch gleichermaßen ausgeführt werden. Wegen der Zweifarbigkeit des Materials lassen sich die beiden Komponenten der Addition gut erkennen.

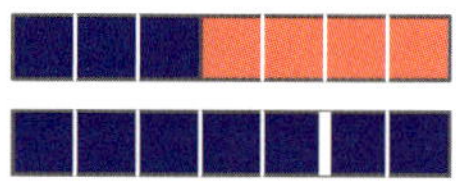

Die Addition mit Zehnerüberschreitung

Wir lösen die Aufgabe 8 + 7 = 15 mit Material:

Nach Cuisenaire

Mit dem Meterstab: Das Ergebnis wird durch Ablesen gefunden. (Es besteht die Gefahr des mechanischen Rechnens – ohne Verständnis.)

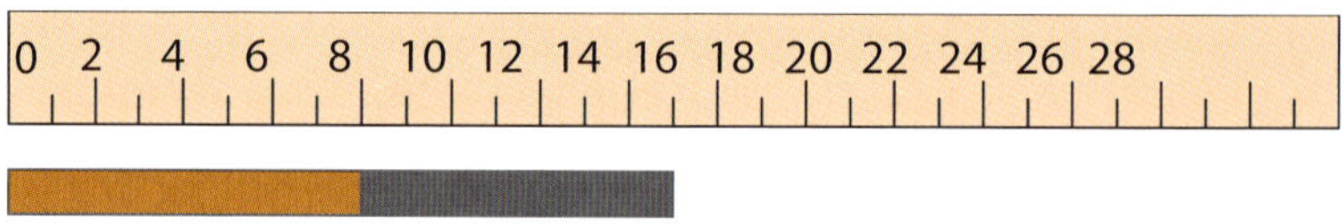

Mit dem Hunderterbrettchen: Das Ergebnis wird durch Zergliedern des Siebenerstabs in Zweier- und Fünferstab und entsprechendes Einordnen in die Tafel gefunden. Diese Methode wird auch Operatorkonzept genannt (siehe S. 89).

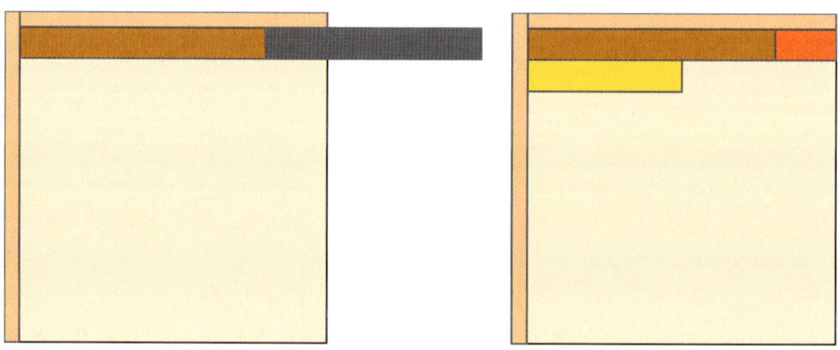

Mit Zehnersystemblöcken

Wir legen 8 Einerwürfel und 7 dazu. Zählend ermitteln wir das Ergebnis: 15. Damit wir das Ergebnis besser sehen können, tauschen wir 10 Einerwürfel oder die beiden Fünferstäbe gegen einen Zehnerstab aus.

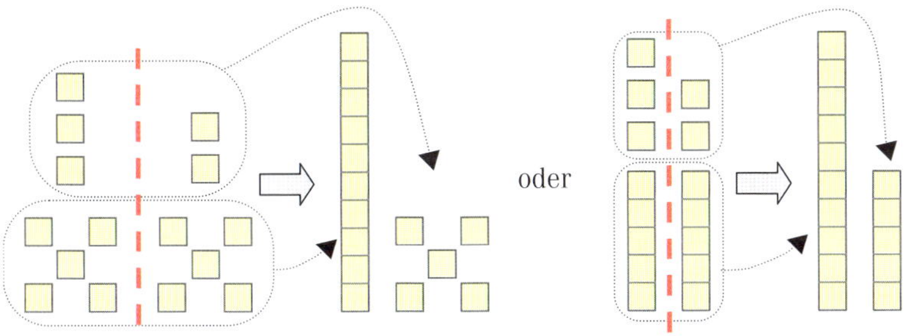

Später kann das Umordnen auch entfallen, wenn es schon gedanklich vollzogen werden kann.

Nach Spectra

Wir legen einen blauen Achter und einen roten Siebener. Wir sehen: Beide Stäbe enthalten einen Fünfer, der blaue zusätzlich einen Dreier und der rote zusätzlich einen Zweier. Wir ersetzen gedanklich die Fünfer durch einen Zehner, den Zweier und den Dreier durch einen Fünfer, und wir haben das Ergebnis. Wenn wir das Ergebnis noch nicht **sehen** können, können wir die Operation auch handelnd durchführen.

Wie immer, gilt auch hier: Wenn die Operation noch nicht im Kopf vollzogen werden kann, sollte mit Material gearbeitet werden.

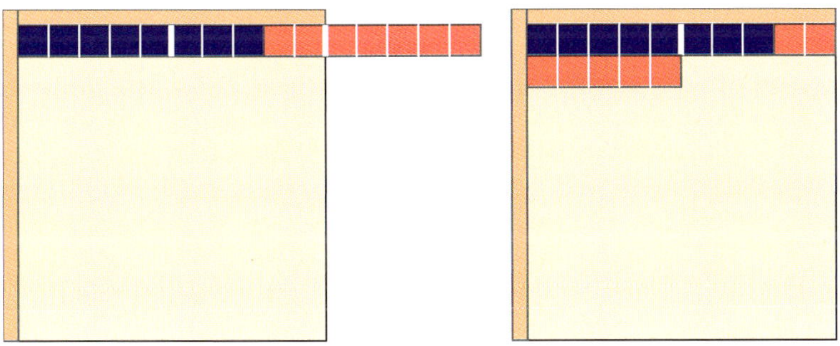

Die Addition im Hunderterraum

Die Addition an der Zahlenleiste

Die Addition lässt sich an der Zahlenleiste von Spectra mit allen drei Materialien gleichermaßen gut darstellen, indem die entsprechenden Stäbe bei null beginnend ausgelegt werden. Für die Aufgabe:

35 + 27 = ?

zuerst 3 Zehner, 1 Fünfer, dann 1 Zehner, 1 Siebener. Der Fünfer wird herausgenommen, der Siebener in einen Fünfer und einen Zweier getauscht. Das Ergebnis lässt sich am Meterstab ablesen und auch mengenmäßig mit den Augen erfassen.

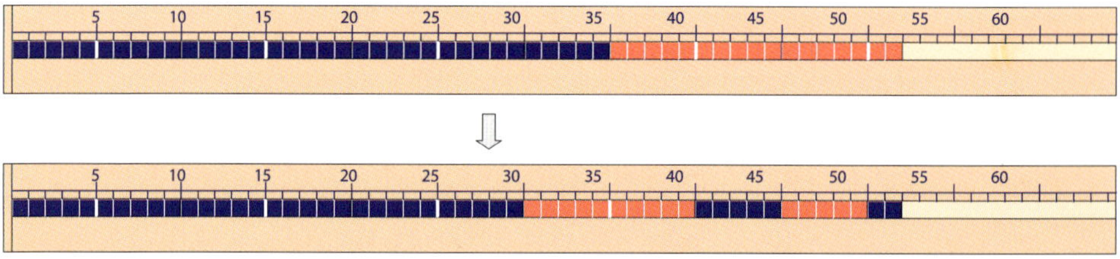

Die Addition am Hunderterbrett

Das Hunderterbrett von Spectra eignet sich für alle drei Rechenmaterialien. Wir bleiben bei der Aufgabe: 35 +17 = ?

Wir legen die Zahlen folgendermaßen auf die Tafel:

Das wirkliche Verstandenhaben der Grundaufgaben der Addition ist Voraussetzung für alle weiterführenden mathematischen Operationen.

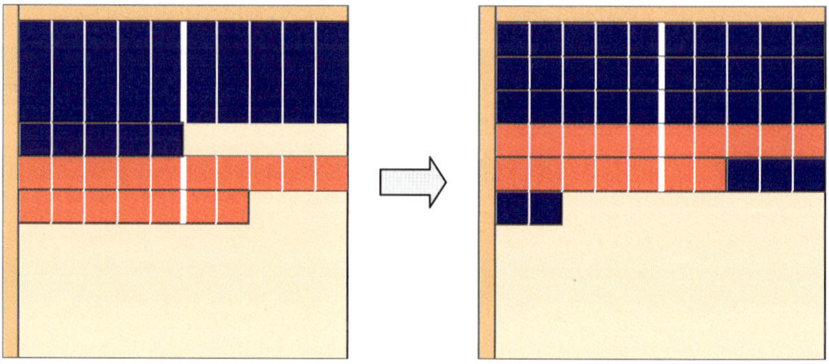

Dann nehmen wir den Fünfer heraus, rücken die Zehner zusammen, stellen fest: Der Fünfer passt nicht mehr in die Reihe und muss daher gegen einen Dreier und einen Zweier getauscht werden. Der Zweier wird in die nächste Reihe gelegt. Das Ergebnis ist mit einem Blick sichtbar.

Das Kind muss verstanden haben: Die Addition der Teile ergibt das Ganze.

Ergänzung des Operatorkonzepts

Bisweilen müssen wir leider feststellen, dass rechenschwache Kinder trotz intensiven Handlungsrechnens und trotz intensiver Versuche, die Rechenhandlung bewusst zu machen, dennoch keine Vorstellung von dem, was sie tun, bekommen. Das bedeutet, dass diese Kinder wohl die Schritt-für-Schritt-Folge für die auszuführenden Aufgaben auswendig gelernt haben, aber ohne sie wirklich zu verstehen.

Aus der Gehirnforschung:

Wir lernen durch assoziatives Denken. »Verstehen« bedeutet: »Beziehungen herstellen«. Der Grad des Verständnisses wird dabei durch die Anzahl und die Stärke der Verbindungen bestimmt.

Es geht also darum, die bisher durch Handlung erworbene Vorstellung von der Addition durch zusätzliche Kenntnisse über Zahlbeziehungen zu vertiefen, um ein besseres Verständnis zu erreichen. Das geschieht durch die eigene geistige Aktivität des Kindes, ausgelöst durch seine sinnliche Wahrnehmung: Man sieht, was man weiß.

Vom Handeln zum Sehen: das Teile-Ganzes-Konzept

Das sog. Teile-Ganzes-Konzept basiert auf der Vorstellung, dass eine Zahl (das Ganze) aus anderen Zahlen (Teilen) bestehen kann. Die Zahl 12 kann z. B. aus der Zahl 5 und der Zahl 7 bestehen. Wenn wir die Teile 5 und 7 zusammenfügen, erhalten wir das Ganze. Ebenso erhalten wir das Ganze, wenn wir die Teile 7 und 5 zusammenfügen. (Die Handlung wird dabei in der Vorstellung vollzogen.)
Dieses Konzept lässt sich folgendermaßen zeichnerisch (schematisch) darstellen (siehe rechts außen):

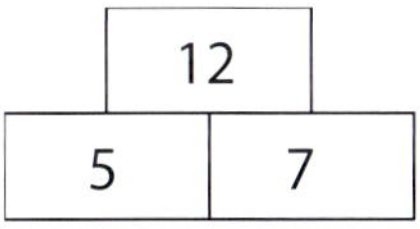

oder

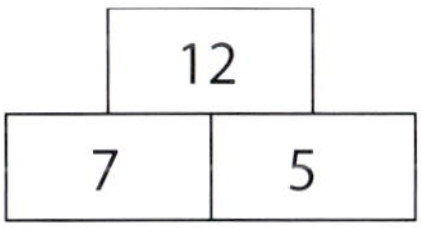

Gliedern und strukturiert Denken erleichtern das Rechnen ungemein.

Welche Vorteile dieses Konzept bietet, lässt sich am besten am ausgelegten Material demonstrieren. Wir benutzen z. B. die Spectra-Stäbe für die Aufgabe 5 + 7 = ?

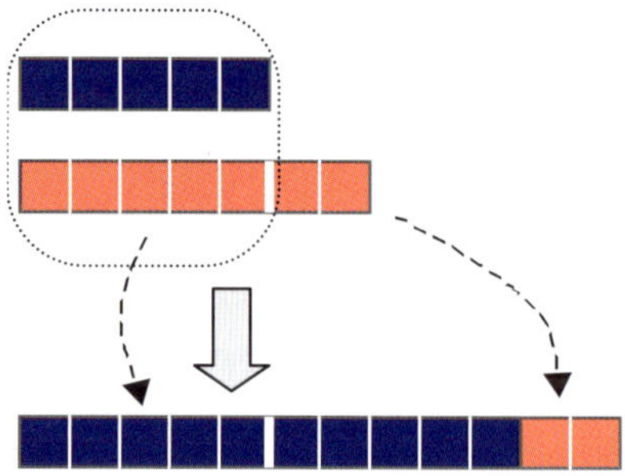

Wir legen einen Fünfer, darunter einen Siebener. Diese beiden Teile sollen wir zu einem Ganzen zusammenfügen. Wir nehmen also nicht nur den 2. Summanden, den Operator, in den Blick, sondern den 1. und den 2. Summanden gleichzeitig und überlegen uns, wie wir die Teile am leichtesten zusammenfügen können. Wir sehen, dass in beiden Stäben (Teilen) ein Fünfer enthalten ist. Diese beiden Fünfer tauschen wir gedanklich gegen einen Zehner und legen einen Zweier dazu, weil der Siebener außer dem Fünfer noch einen Zweier enthält.

Damit haben wir die Aufgabe gelöst. Wir sehen: 5 + 7 = 12.

Wir können diese Operation auch mit den Dienes-Würfeln gedanklich vollziehen. Wir benutzen dabei die Würfel-Bilder (nach Schulz):

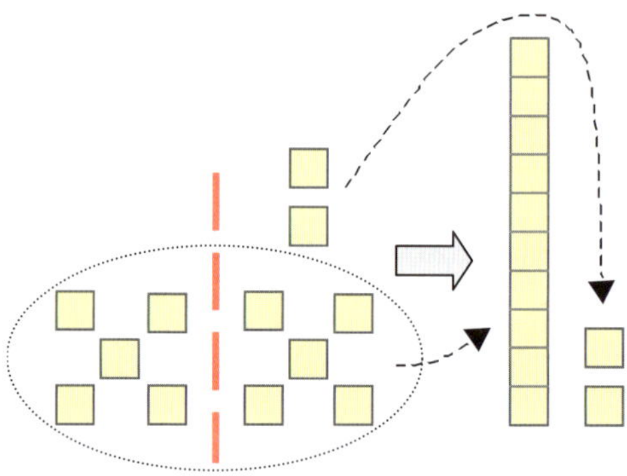

Bei diesem »Augenrechnen« (vgl. Andrea Schulz) sollten nicht nur die Strategien der »Grundaufgaben« beherrscht werden, sondern auch die sog. »Ableitungsstrategien« (siehe S. 104). Die Betrachtung der unterschiedlichen Strukturen erzeugt zunehmendes Verständnis.

Grundaufgaben bei der Addition

- Addieren bis zur 10 (Zehnersummen bilden, Partnerzahlen oder Ergänzungszahlen zur 10)
- Addieren der 0, 1 und 2
- Kraft der Fünf (5 als Summand, mit Fünferportionen rechnen)
- Kraft der Zehn (10 als Summand, mit Zehnerportionen rechnen)
- Verdoppeln

Addieren bis zur Zehn

Die Grundaufgabe des Addierens bis zur 10 gehörte bereits bei den Übungen zur quasi-simultanen Mengenerfassung mit zum Trainingsprogramm. Es lohnt sich, die verschiedenen Zusammensetzungsmöglichkeiten der 10 (10 = 1 + 9; 10 = 2 + 8; 10 = 3 + 7 usw.) auch nach dem Teile-Ganzes-Konzept gesondert einzuüben, da die 10 auch bei dieser Sichtweise eine wichtige Rolle spielt. Allerdings benutzen wir jetzt nicht nur Einerwürfel, sondern die einfacher zu handhabenden Stäbe.
Wir legen dazu einen Zehnerteppich, z.B. mit Spectra-Material, und zeichnen dazu schematisch die Zahlenmauern.

Wenn das Kind lernt, unterschiedliche Strukturen zu erkennen, schult dies die Abstraktionsfähigkeit.

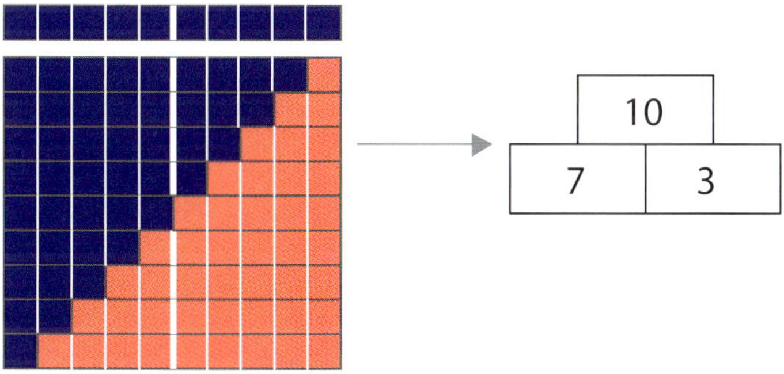

Wir sprechen dazu: 10 besteht aus 7 und 3; 6 und 4 usw.

Addieren der Null, Eins und Zwei

Diese Grundaufgaben werden im Allgemeinen von allen Kindern leicht beherrscht. Es lohnt sich, dass wir uns dabei bewusst machen: Diese 33 Aufgaben decken bereits etwa ein Viertel aller Aufgaben aus dem kleinen Einsundeins im Zwanzigerraum ab. (Es sind insgesamt 121 Aufgaben.)

Beispiele:

8 + 0 = 8 16 + 0 = 16
8 + 1 = 9 16 + 1 = 17
8 + 2 = 10 16 + 2 = 18

Die Kraft der Fünf

Bereits bei der Darstellung des Teile-Ganzes-Konzepts haben wir automatisch die Kraft der Fünf ausgenutzt. Wir wollen uns diese Strategie aber noch an einem weiteren Beispiel gesondert bewusst machen: Wir rechnen die Aufgabe 8 + 7 = ? mit den Spectra-Stäben:

Mit Mengen umgehen und geschickt rechnen – das wird durch dieses handelnde Rechnen erlernt.

Wieder fassen wir die beiden Fünfer gedanklich zusammen; wir können auch sagen: Wir sehen sie zusammen (nach Andrea Schulz). Bei beiden Stäben bleibt ein Überhang von einem Zweier und einem Dreier. Diese beiden Überhänge werden auch »zusammengesehen« und damit zu einem Fünfer zusammengefasst.

Das sieht dann so aus:

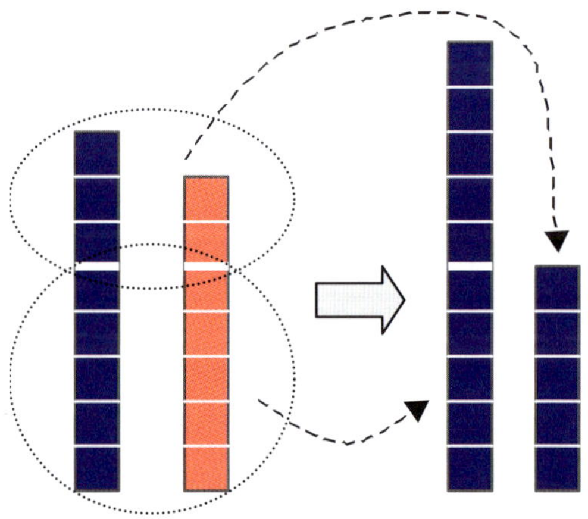

Das Ergebnis kann abgelesen werden.

Die Strategie: »Mit Fünferportionen rechnen« lässt sich später auch folgendermaßen darstellen:

Sehen und dabei Strukturen erkennen ist das Ziel.

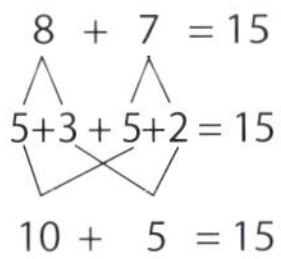

Weitere Aufgaben:

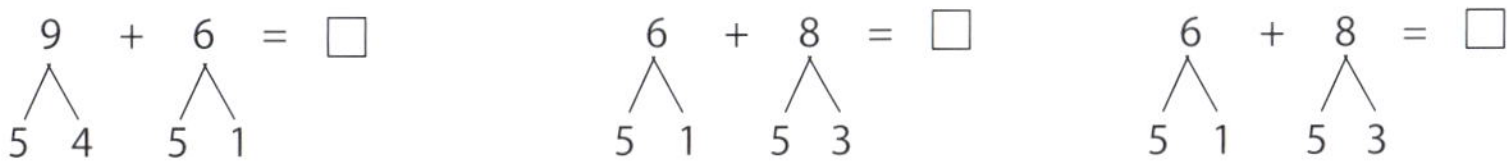

Die Kraft der Zehn

Wir nutzen die »Kraft der Zehn«, indem wir einen der beiden Summanden bis zur 10 ergänzen (ergänzen bis zu 10 können wir perfekt und + 10 lässt sich leicht rechnen), den anderen Summanden hinzurechnen und dann die zu viel hinzugezählte Anzahl wieder abziehen. Hierzu zwei Beispiele:

$9 + 5 \Rightarrow 9 + 1 + 5 - 1$; wir rechnen also statt $9 + 5$: $10 + 4$

$8 + 3 \Rightarrow 8 + 2 + 3 - 2$; wir rechnen also statt $8 + 3$: $10 + 1$

Verdoppeln

Bevor wir die Strategie des Verdoppelns zum Rechnen nutzen, sollten wir uns die möglichen Verdoppelungen der Zahlen im Zahlenraum bis 20 anhand von Material vor Augen führen:

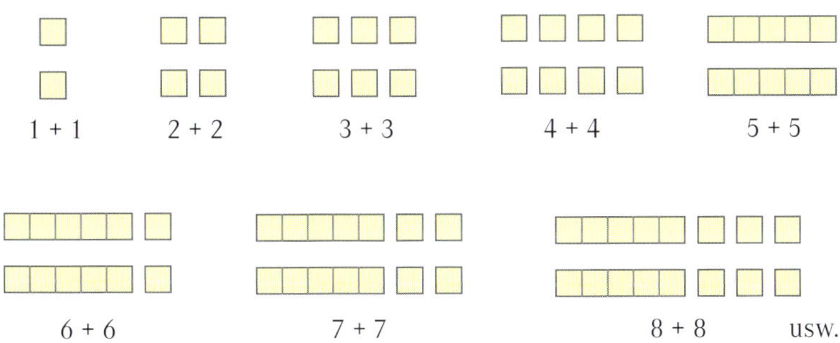

Die Rechenhandlung sollte durch lautes Sprechen begleitet werden, damit sie reflektiert und bewusst wahrgenommen wird.

Das Auslegen der Mengenbilder führt oft recht schnell dazu, dass auch rechenschwache Kinder Strukturen erkennen: z.B. in der Menge 8 + 8 die beiden Fünfer und die beiden Dreier, die dann in anderer Zusammensetzung das Vorstellungsbild von der 16: Sech-zehn (1 Zehner und 1 Sechser) ergeben. (Vgl. »Rechnen lernen heißt sehen lernen«, Andrea Schulz, in: Praxis Grundschule, Braunschweig 1998)

Hier noch ein weiteres Beispiel mit 24 + 24 für den Zahlenraum über 20:

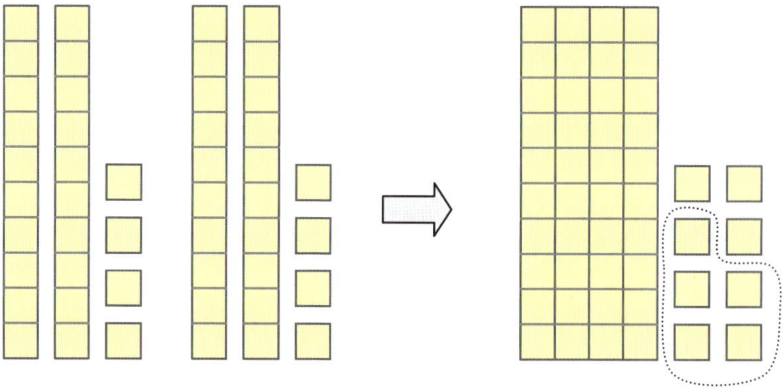

Ableitungsstrategien bei der Addition

Die Ableitungsstrategien kommen zum Einsatz, wenn wir uns bereits ein mathematisches Grundwissen angeeignet haben. Sie lehnen sich an bereits bekannte Aufgaben an:

- Nachbaraufgaben, z.B. 3 + 5 = 8, also: 4 + 5 = 9 oder: Verdoppeln + 1, Verdoppeln + 2.
- Zehnertrick, Neunertrick, Achtertrick.
- Tauschaufgaben nach dem Vertauschungsgesetz (Kommutativgesetz), nach dem Muster: a + b = b + a oder 3 + 4 = 4 + 3.
- Gegensinniges Verändern der Summanden nach dem Prinzip: »Eine Summe ändert sich nicht, wenn man den einen Summanden um einen Betrag verkleinert und den anderen Summanden um denselben Betrag vergrößert (gegensinniges Verändern der Glieder einer Summe).«
- Dekadische Analogie (Wenn 3 + 4 = 7 ist, dann ist 13 + 4 = 17 und 23 + 4 = 27, vgl. S. 106)

Nachbaraufgaben: Verdoppeln + 1

Die Strategie des Verdoppelns kann ebenfalls in Form der Strategie Verdoppeln + 1 (oder Verdoppeln + 2) das Rechnen erleichtern. Wir legen mit Spectra die Aufgabe 6 + 7 = 13:

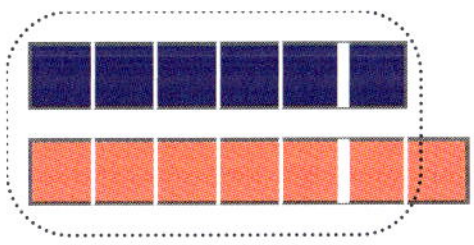

6 + 7 = 13
6 + 6 + 1 =
12 + 1 = 13

Wir sehen: Die 7 enthält auch eine 6. Da wir das Verdoppeln beherrschen, rechnen wir 6 + 6 + 1 (Verdoppeln + 1).
Ebenso können wir bei der Aufgabe 6 + 8 = 14 die Strategie Verdoppeln + 2 anwenden.
Beispiele:
8 + 9 = 8 + 8 + 1 = 16 + 1 = 17
5 + 6 = 5 + 5 + 1 = 10 + 1 = 11

Ableitungsaufgaben sind Aufgaben, die sich an bereits bekannte Grundaufgaben anlehnen.

Zehnertrick, Neunertrick, Achtertrick

Wir legen die Aufgabe 10 + 4 = 14 mit Spectra:

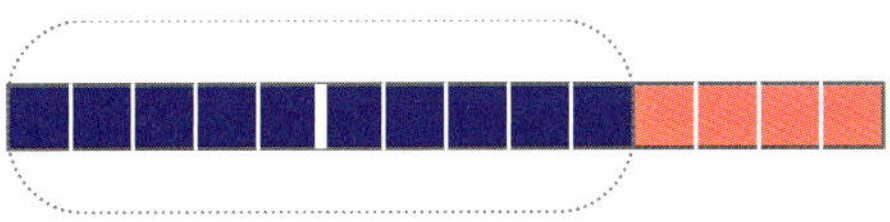

Wir sehen mit einem Blick das Ergebnis und stellen fest: Die Einerzahl des Ergebnisses ist identisch mit dem 2. Summanden. Die Aufgabenstellung gibt die Zahlzerlegung praktisch schon vor.
Beim Neunertrick können wir die Erfahrung machen: Die Einerzahl des Ergebnisses ist um 1 kleiner als der 2. Summand.
Entsprechend beim Achtertrick: Die Einerzahl des Ergebnisses ist um 2 kleiner als der 2. Summand.

Aufgabe: 9 + 4 = ?

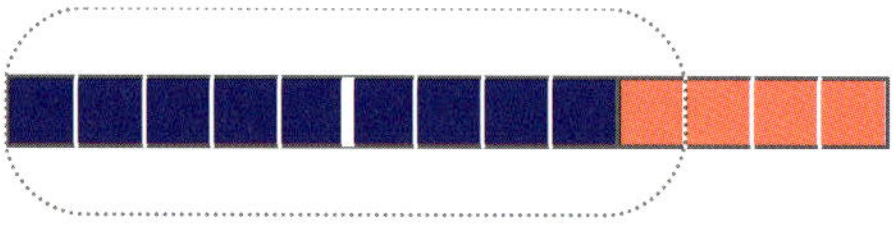

Aufgabe: 8 + 4 = ?

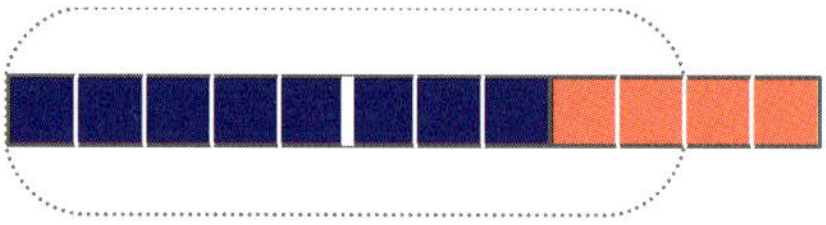

Tauschaufgaben (Kommutativgesetz)

Durch das Teile-Ganzes-Konzept konnten wir in vielfältiger Weise erfahren, dass die beiden Summanden bei der Addition austauschbar sind (Kommutativgesetz). Diese Erfahrung lässt sich besonders gut nutzen, wenn die Summanden unterschiedlich groß sind. Wir rechnen leichter: (8 + 4 = ? als 4 + 8 = ?)

Gegensinniges Verändern der Summanden

Mit Tricks rechnen: Da sind Kinder bestimmt bei der Sache!

Wenn ich bei den beiden Teilen einer Summe den einen Teil um dieselbe Anzahl erhöhe, die ich bei dem anderen Teil wegnehme, so bleibt die Summe gleich (Konstanz der Summe).
Bei der Aufgabe 7 + 6 = ? rechnen wir z.B. vorteilhaft: (7 + 3) + (6 – 3).

Dekadische Analogie

Wir nutzen die Struktur unseres Zehnersystems, wenn wir rechnen:
3 + 4 = 7, also: 13 + 4 = 17
4 + 3 = 7, also: 14 + 3 = 17
Wir nutzen die Struktur unseres Zehnersystems, indem wir von der Rechnung 3 + 4 = 7 auf die Rechnung 13 + 4 = 17 oder 23 + 4 = 27 schließen (Analogieschluss). Ebenso schließen wir von 4 + 3 = 7 auf 14 + 3 = 17 oder 24 + 3 = 27. Bei diesem Analogieschluss bleiben die Zehner des Ganzen (der Summe) und der Summanden jeweils gleich, während nur die Einer verändert werden. Ebenso verfahren wir bei der Subtraktion: Von der Rechnung 9 – 3 = 6 schließen wir auf 19 – 3 = 16 oder 29 – 3 = 26.

Die Subtraktion verstehen

Die Subtraktion als Rechenhandlung – das Wegnehmen oder das Abziehen mit dem Operationszeichen minus (–) – fällt rechenschwachen Kindern im Allgemeinen viel schwerer als die Addition, also das Hinzutun.

Die Subtraktion bereitet rechenschwachen Kindern meist Schwierigkeiten.

Die Subtraktion im Zehnerraum

Exemplarisch für die Subtraktion im Zahlenraum bis 10 wollen wir die Subtraktionsaufgabe: 7 – 4 = 3 mit den drei vorgestellten Materialien durchführen.

Die Subtraktion 7 – 4 = ? mit Farbigen Stäben

Wir legen einen Siebenerstab aus und überlegen uns, wie wir von diesem Siebener einen Vierer wegnehmen können. Wir müssten ihn eigentlich durchsägen und einen Teil wegnehmen. Da wir ihn aber als Siebener behalten wollen, überlegen wir uns eine Ersatzhandlung: Wir legen einen Viererstab auf den Siebenerstab und decken ihn damit ab. Das herausschauende Ende stellt unser Ergebnis dar.

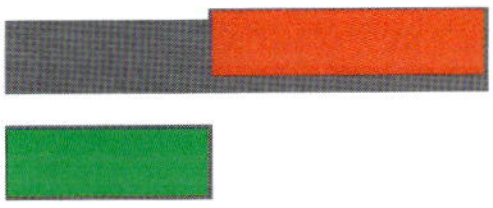

Wenn wir das Ergebnis noch nicht sehen können, hilft der Vergleich mit einem Dreierstab.

7 – 4 = ? bei Dienes

Wir legen 7 Einerwürfel aus und nehmen 4 weg. Wir sehen das Ergebnis: 3 Einerwürfel sind noch da.

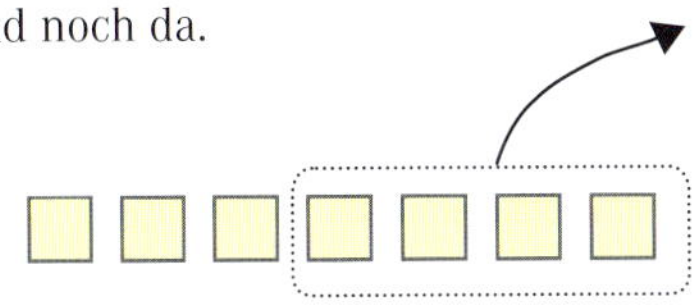

Ebenso können wir natürlich auch mit den Einern der Stäbe von Spectra verfahren.

7 – 4 = ? bei Spectra

Wie bei Cuisenaire arbeiten wir mit Abdecken. Wir benutzen einen roten Vierer zum Abdecken eines blauen Siebeners. Ein Dreier schaut heraus: Er ist das Ergebnis.

Die Subtraktion im Zwanzigerraum (mit Zehnerunterschreitung)

Wir lösen die Aufgabe: 15 - 7 = 8 mit Material:

Mit Farbigen Stäben

Wir legen die Zahl 15 mit Stäben und decken mit einem Siebenerstab ab: Ein Achter schaut heraus. Wir ermitteln den Achter durch Vergleichen. Auch der Meterstab kann zum Abmessen benutzt werden.

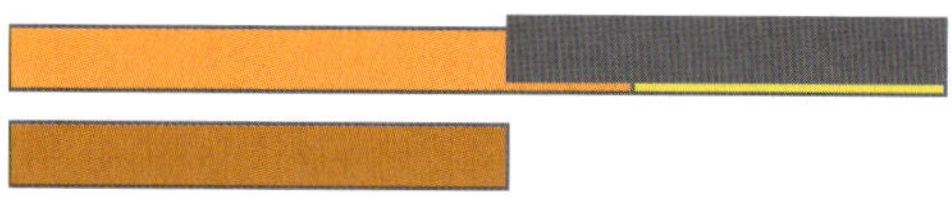

Nach Dienes

Allmählich lernt das Kind, die erforderlichen Mengen »wegzudenken« statt »einzutauschen«.

Wir legen die Zahl 15 mit einem Zehnerstab und 5 Einerwürfeln. Wir nehmen die 5 Einer weg und stellen fest: Wir müssen noch 2 weitere Einer wegnehmen. Daher müssen wir den Zehner gegen 10 Einer eintauschen (entbündeln). Nachdem wir 2 weggenommen haben, bleiben 8 Einer übrig: unser Ergebnis. Wenn wir auch Fünfer zur Verfügung haben (nach dem Durchsägen, siehe S. 83), müssen wir nur Fünfer in Einer eintauschen und behalten 1 Fünfer und 3 Einer als Ergebnis übrig. (Ein Wegdenken des Zweiers erspart das Eintauschen.)

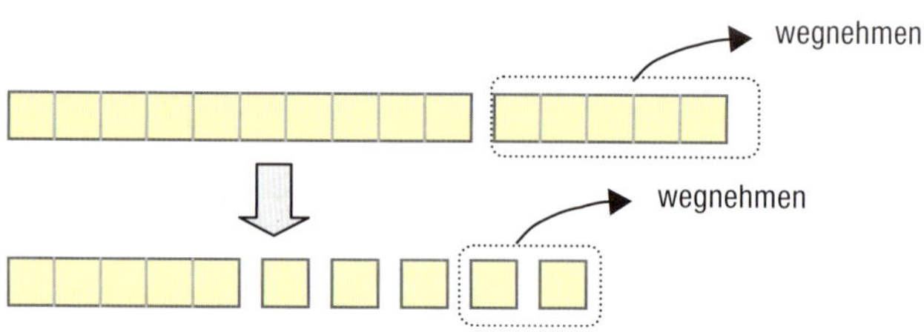

Nach Spectra

Wir legen die Zahl 15 mit einem Zehnerstab und einem Fünferstab. Wir nehmen den Fünfer weg, tauschen den Zehner in einen Achter und einen Zweier (Operatorkonzept). Den Zweier nehmen wir weg und lassen den Achter als Ergebnis stehen. Oder besser noch: Wir denken uns den Zweier weg (aufgrund der Einer-Markierungen fällt uns das leicht) und sparen uns das Eintauschen des Zehners.

Auch bei der Subtraktion wird vom Zehner- über den Zwanziger- zum Hunderterraum fortgeschritten.

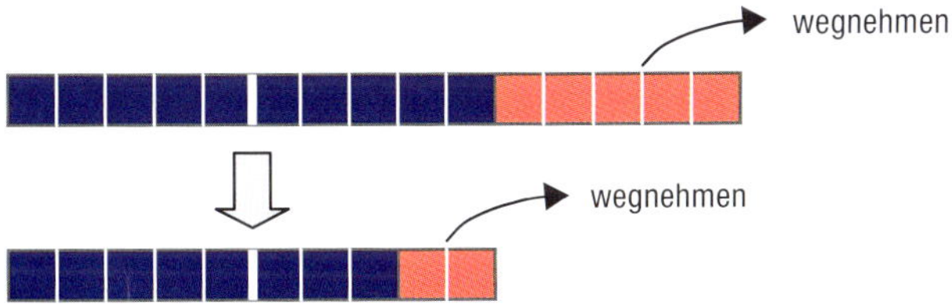

Die Subtraktion im Hunderterraum

Die Subtraktion an der Zahlenleiste

Nehmen wir die Aufgabe 35 – 17. Zunächst wird der Minuend an der Zahlenleiste ausgelegt. Im Anschluss wird zunächst ein Zehner weggenommen, danach ein weiterer Zehner eingetauscht, z.B. in einen Fünfer, einen Zweier und einen Dreier. Jetzt können wir den Fünfer und den Zweier (5 + 2 = 7) wegnehmen: Wir lesen das Ergebnis, 18, ab, sowohl an der Leiste als auch mengenmäßig.

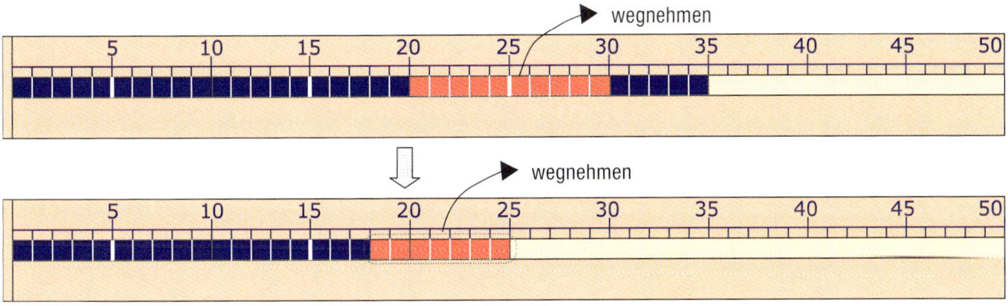

Allmählich wird die Rechenhandlung nur noch im Kopf vollzogen und das Ergebnis auch dabei »gesehen«.

Die Subtraktion am Hunderterbrett

Wir können das gleiche Verfahren wie bei der Leiste benutzen. Allerdings können wir das Tauschen einsparen, wenn es uns gelingt, das Tauschen in Gedanken vorzunehmen und das Ergebnis gleich zu sehen.

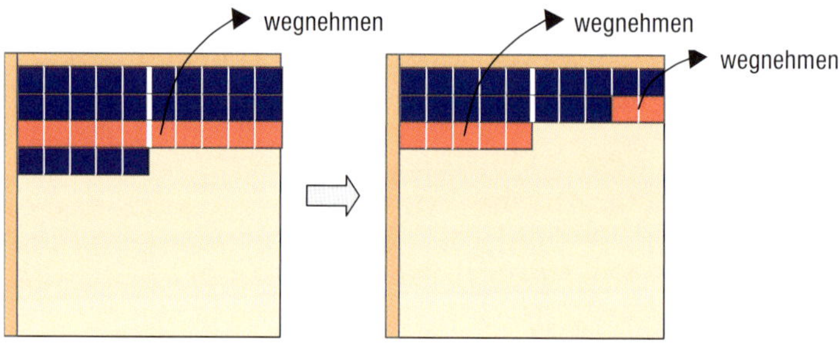

Die Subtraktion im Teile-Ganzes-Konzept

Im Gegensatz zur Addition ist bei der Subtraktion das Ganze gegeben. Davon gilt es, einen bekannten Teil wegzunehmen, der übrig bleibende Teil soll bestimmt werden.

Nehmen wir die Aufgabe 12 - 7 = ?

Wir legen die Zahl 12 (das Ganze) mit Spectra-Stäben aus und zerlegen sie gedanklich in 7 (Siebenerstab) und 5 (Fünferstab). Da die Anzahl 7 gegeben ist, ist die Anzahl 5 die gesuchte Teilmenge.

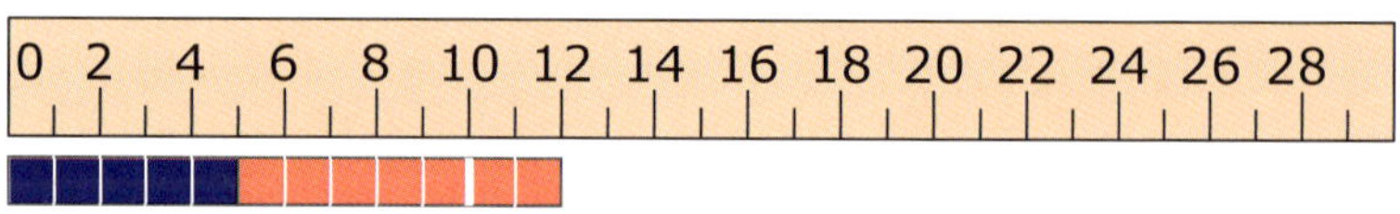

Ähnlich wie bei der Addition gibt es auch bei der Subtraktion Grundaufgaben und Ableitungsstrategien, die das Rechnen erleichtern und die im Folgenden vorgestellt werden.

Grundaufgaben bei der Subtraktion

- Subtrahieren der 0, 1 und 2
- Subtrahieren von der 10
- Die Kraft der Fünf (Subtrahieren der Fünf)

- Die Kraft der Zehn (Subtrahieren der Zehn)
- Halbieren

Subtrahieren der Null, Eins, Zwei

Diese Subtraktionen fallen den meisten Kindern zwar nicht schwer, sollten aber dennoch geübt werden: Es sind 33 Aufgaben und sie machen daher etwa ein Viertel der Aufgaben des kleinen Minuseins aus.

Subtrahieren von der Zehn

Diese elf Aufgaben werden schnell beherrscht, wenn die Grundaufgabe der Addition – Zehnersummen bilden – schon automatisiert ist.
Beispiel: 10 – 5; 10 – 6; 10 – 3 usw.

Die Kraft der Fünf (Subtraktion der Fünf)

Aufgaben dieses Typs (es sind insgesamt elf) lassen sich leicht nach dem Teile-Ganzes-Konzept lösen. Die Fünf lässt sich als Ganzes (ohne Zergliederung) wegnehmen.
Beispiel: 12 – 5

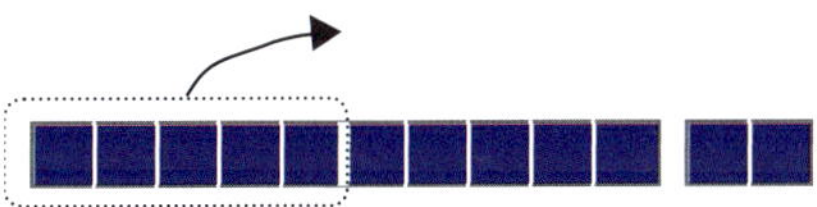

Die Kraft der Zehn (Subtraktion der Zehn)

Die elf Aufgaben dieses Typs sind aus dem Grund so einfach, weil das Ergebnis bereits durch die Einerzahl des Subtrahenden (mit Ausnahme der 20) gegeben ist:

Beispiele: 15 – 10 ⇒ die Fünf ist das Ergebnis.
12 – 10 ⇒ die Zwei ist das Ergebnis.

Zu beachten ist aber, dass bei den höheren Zahlen ab 20 die Zehnerstelle noch um 1 erniedrigt werden muss.

Beispiel: 25 – 10 ⇒ die Einerstelle bleibt, die Zehnerstelle, also die 2, ergibt 1, das Ergebnis ist folglich 15.

Bei der Subtraktion helfen ähnliche Strategien wie bei der Addition.

Halbieren

Das Halbieren ist nur bei geraden Zahlen anwendbar, wenn kein Einer als Rest bleiben soll.

Die Grundaufgaben der Subtraktion müssen besonders intensiv eingeübt und das Verfahren des Wegnehmens verinnerlicht werden.

Auch hier ist das Ergebnis in der Aufgabenstellung enthalten: Es ist identisch mit dem Subtrahenden (der abzuziehenden Zahl).

Beispiele: 14 - 7 = 7
8 - 4 = 4

Mit dem Dienes-Material erfolgt das Halbieren folgendermaßen:

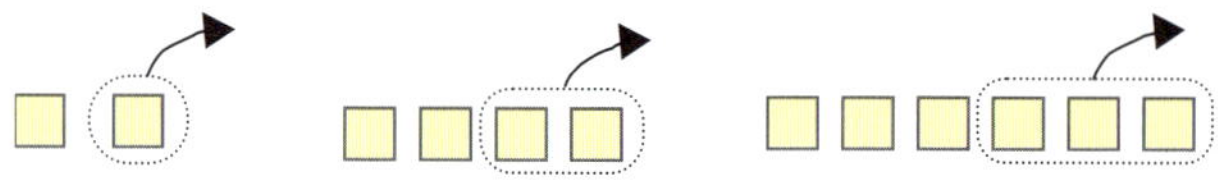

$2 \Rightarrow 1$ $4 \Rightarrow 2$ $6 \Rightarrow 3$

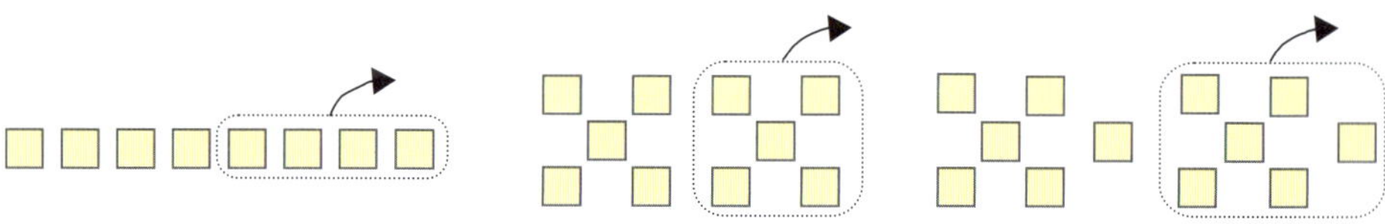

$8 \Rightarrow 4$ $10 \Rightarrow 5$ $12 \Rightarrow 6$

Beispiel für eine größere Zahl, hier die 52, also im Zahlenraum über 20:

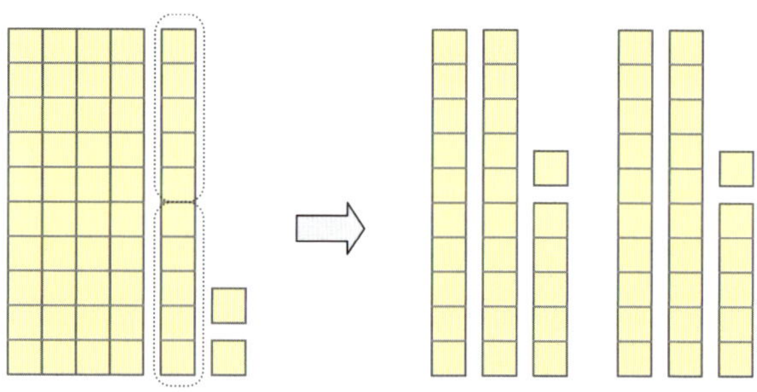

Ableitungsstrategien bei der Subtraktion

Ebenso wie bei der Addition beherrschen wir jetzt die Grundaufgaben der Subtraktion, bevor wir unsere Kenntnisse durch die Ableitungsstrategien vertiefen. Diese sind:

- Nachbaraufgaben
- Subtrahieren der 10, der 9 oder der 8
- Ergänzungsaufgaben

- Unterschied 0, 1 oder 2
- Unterschied 10, 9 oder 8
- Entsprechungsaufgaben
- Gleichsinniges Verändern der Glieder einer Differenz (Konstanz der Differenz
- Dekadische Analogie

Nachbaraufgaben

Zu den Nachbaraufgaben zählen Aufgaben wie:
8 + 7 = 15; also: 9 + 7 = 16
Bei der Vorstellung dieser Strategie hilft uns wieder die Gesetzmäßigkeit des Teile-Ganzes-Konzepts: Verändert sich ein Teil, so verändert sich auch entsprechend das Ganze. In diesem Fall: 8 + 1 ⇒ 15 + 1.
Zu diesem Typ gehören auch die Aufgaben des Typs: Halbieren + 1 und Halbieren + 2:
Beispiele: 19 – 9 = 18 – 9 + 1
16 – 7 = 14 – 7 + 2
Wenn wir die Strategien des Verdoppelns und Halbierens verinnerlicht haben, lässt sich auf diese Weise recht einfach rechnen.

Das Teile-Ganzes-Konzept ist ein wesentlicher Baustein der Problematik, der unbedingt verstanden sein muss.

Subtrahieren der 10, 9 oder 8

Zu diesem Aufgabentyp gehören 33 Aufgaben des kleinen Einsminuseins, etwa ein Viertel der Gesamtheit der Aufgaben (121). Die Subtraktion der Zehn haben wir bereits bei der Grundaufgabe »Kraft der Zehn« behandelt. Die Subtraktion der 9 bzw. der 8 lässt sich nach dem Muster rechnen: minus 10 + 1 bzw. minus 10 + 2.
Wenn die Kraft der Zehn verstanden wurde, lässt sich diese Strategie leicht anwenden.

Ergänzungsaufgaben

Die Ergänzungsstrategie für die Aufgabe 8 – 3 = ? lässt sich mit der Aufgabenstellung 3 + ? = 8 verdeutlichen. Die Frage dazu lautet. Wie viel fehlt von der Drei bis zur Acht? Welche Zahl muss ergänzt werden?
Auf diese Weise entsteht aus der Minus-Aufgabe eine Plus-Aufgabe. Mit Plus lässt sich zwar leichter rechnen. Aber hier geht es um eine Plus-Auf-

gabe mit einer Leerstelle, auch ein Problem für rechenschwache Kinder. Helfen kann wieder das Teile-Ganzes-Konzept: Wir stellen uns das Ganze vor und trennen den gegebenen Teil in Gedanken ab: Der zu ergänzende Teil – die Lösung der Aufgabe – wird sichtbar.

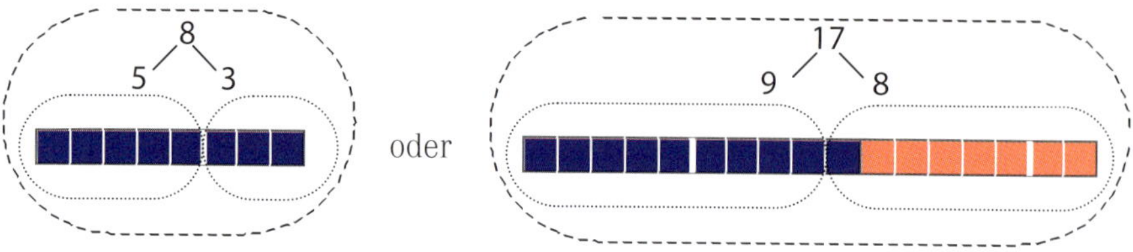

Unterschied 0, 1 oder 2

Die Aufgaben mit dem Unterschied 0 erledigen sich wie von selbst. Das Ergebnis ist jeweils identisch sowohl mit dem Minuenden als auch mit dem Subtrahenden:

Beispiele: 9 – 9 = 0; 8 – 8 = 0 usw.

Bei den Aufgaben mit dem Unterschied 1 oder 2 benutzen wir die Strategie: 1 weniger bzw. 2 weniger als der Minuend. Man kann diese Aufgaben aber auch als Nachbaraufgaben zu den Aufgaben mit dem Unterschied 0 auffassen.

Beispiele: 3 – 2 = 1; 5 – 4 = 1 usw.
3 – 1 = 2; 5 – 3 = 2 usw.

Wenn wir diese 33 Aufgaben beherrschen, haben wir etwa ein Viertel des kleinen Einsminuseins (im Zwanzigerraum) abgedeckt.

Unterschied 10, 9 oder 8

Leerstellen sind bei rechenschwachen Kindern überhaupt nicht beliebt!

Auch hier gibt es wieder 33 Aufgaben des kleinen Einsminuseins. Aufgaben mit dem Unterschied 10 (z. B. die Aufgabe 18 – 8) lassen sich leicht mit dem Teile-Ganzes-Konzept visualisieren. Wir stellen uns die Anzahl 18 (das Ganze) gegliedert in 10 und 8 vor; gegeben ist der Teil 8, der noch fehlende Teil ist die 10 (siehe Grundaufgabe: die Kraft der Zehn, Seite 103). Die Aufgaben mit dem Unterschied 9 oder 8 lassen sich als Nachbaraufgaben auffassen.

Beispiele: 18 – 8 = 10; 18 – 9 = 9; 18 – 10 = 8
15 – 5 = 10; 15 – 6 = 9; 15 – 7 = 8

Entsprechungsaufgaben

Die Entsprechungsaufgaben bei der Subtraktion lassen sich leicht mit dem Teile-Ganzes-Konzept visualisieren. Nehmen wir die Aufgabe 9 – 5 = ?

Das Teile-Ganzes-Konzept fördert die Visualisierung.

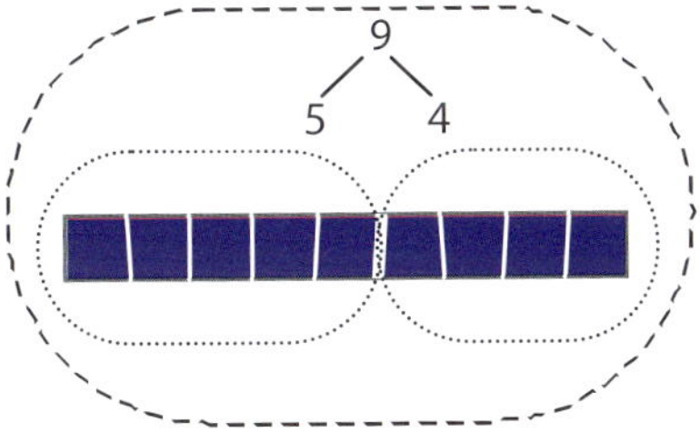

Wir stellen uns die Anzahl 9 (das Ganze) gegliedert in 5 und 4 vor; gegeben ist neben dem Ganzen (der 9): der Teil 5, der noch fehlende Teil ist die 4. Das ist die Lösung der Aufgabe. Wenn wir die Lösung wissen, so wissen wir auch schon die Lösung der entsprechenden Aufgabe 9 – 4 = ? In diesem Fall ist der fehlende Teil die 5, das ist die Lösung.
Ebenso können wir bei der Ergänzungsaufgabe vorgehen:
Heißt die Aufgabe 4 + ? = 9, so heißt die entsprechende Aufgabe 5 + ? = 9. Beide Aufgaben lassen sich mit der obigen Darstellung »auf einen Blick« lösen. Das für rechenschwache Kinder im Allgemeinen so schwierige Auffinden der Leerstelle kann mithilfe der Grafik leicht durch einfaches Hinschauen gelöst werden.

Konstanz der Differenz

Als Konstanz der Differenz bezeichnet man das gleichsinnige Verändern des Minuenden (des Ganzen) und des Subtrahenden. Die Differenz (ein Teil des Ganzen) bleibt gleich, wenn der andere Teil und das Ganze in gleicher Weise verändert werden.
Beispiel:
Bei der Aufgabe 12 – 5 = ? ist das Ergebnis identisch mit dem Ergebnis der Aufgabe 13 – 6 = ? In beiden Aufgaben heißt das Ergebnis 7.
Also:
Wenn wir wissen, dass 12 – 5 = 7 ist, dann wissen wir gleichzeitig auch, dass 13 – 6 = 7 ist.

Dekadische Analogie

Wir nutzen die Struktur unseres Zehnersystems, indem wir bei der Aufgabe 7 - 4 = 3 analog die Aufgaben 17 - 4 = ?; 27 - 4 = ? usw. lösen. Die Zehner des Ganzen und der Differenz bleiben jeweils gleich, während nur die Einer verändert werden.

Die Vorteile des Teile-Ganzes-Konzeptes liegen auf der Hand.

Die Vorstellung des aus zwei Teilen bestehenden Ganzen lässt sich mithilfe der Umkehrfunktion ganz einfach von der Addition auf die Subtraktion übertragen.

Umkehraufgaben von der Subtraktion zur Addition erleichtern das Rechnen sehr.

Bei der Addition sind die Teile gegeben und wir suchen das Ganze; bei der Subtraktion (Umkehraufgabe) kennen wir das Ganze und einen Teil und wir suchen den anderen Teil.

Automatisierung und Anwendung von Strategien

Wenn wir das gegliederte Abrufen von Zahlen automatisiert haben, müssen wir nicht mehr rechnen, da wir die Antwort auswendig wissen. Im Zahlenraum bis 10 beherrschen wir das bald im Kopf, im Zahlenraum bis 20 und im Zahlenraum bis 100 helfen uns die verschiedenen Strategien.

Die Multiplikation verstehen

Die Multiplikation, das Malnehmen, wird von vielen rechenschwachen Kindern nicht als eine besondere Hürde angesehen, weil es einfach auswendig gelernt werden kann. Gerade Kinder, die gelernt haben, das Auswendiglernen als willkommene Kompensationsstrategie für fehlendes Verständnis einzusetzen, bekommen bei der Anwendung dieser Technik zur Beherrschung des kleinen Einmaleins endlich wieder Erfolgserlebnisse, die den bei der Addition und vor allem bei der Subtraktion erlebten Frust wieder etwas vergessen lassen.

Allerdings sollten wir Auswendiglernen nicht mit Auswendigwissen verwechseln: Das Auswendiglernen erfolgt oft rein mechanisch, ohne dass Verständnis aufgebaut wurde; und dieses prozedurale Wissen ist leider oft nur von kurzer Dauer. Es geht verloren, wenn eine andere Rechenprozedur erlernt werden muss. Anders das Auswendigwissen: Es ist auf Verständnis aufgebaut und wird gestützt durch ein Netzwerk von Assoziationen in Bezug auf Zahlen und ihre Beziehungen.

Auswendiglernen und Auswendigwissen sind zwei ganz verschiedene Dinge – Auswendiglernen kann man ohne zu verstehen, Auswendigwissen basiert auf Verständnis.

Die Multiplikation wird in der Didaktik der Mathematik als wiederholtes Addieren gleicher Summanden aufgefasst. Das bedeutet für die Rechenhandlung: Wir legen bei der Aufgabe 3 x 4 = ? dreimal vier Einer aus bzw. dreimal einen Viererstab. Das Zeichen ? oder x steht dabei für das mehrmalige Zusammentun oder Aneinanderfügen. Wichtig ist dabei, dass der 1. Faktor als Operator gilt (ihm ist das Malzeichen zuzuordnen), im Gegensatz zu der Addition, wo der 2. Summand mit der Handlungsanweisung »Dazutun« und dem Pluszeichen (+) verbunden wird.

Wenn wir davon ausgehen können, dass ein Kind durch fleißiges Üben im Handlungsrechnen bei der Addition und bei der Subtraktion eine Vorstellung von der Mächtigkeit der Zahlen bekommen hat, wird es auch beim Malnehmen keine Probleme haben, die zu multiplizierende Zahl als Ganzes aufzufassen und nicht als Einzelelemente, die jedes Mal gezählt werden müssten.

Die Multiplikation an der Zahlenleiste

Wie schon bei Addition und Subtraktion erhält das Kind den ersten Zugang zum Verständnis der Multiplikation durch handelndes Rechnen mit konkretem Material. Da das Auslegen von Gruppen von Einerwürfeln zu aufwändig wäre, entscheiden wir uns für das Auslegen von Rechenstäben (Cuisenaire oder Spectra) an der Zahlenleiste.

Die Aufgabe 3 x 4 = ? sieht dann folgendermaßen aus: Wir legen dreimal einen Viererstab bei 0 beginnend aus und können das Ergebnis – 12 – am Meterstab ablesen oder durch Vergleichen (1 Zehnerstab und 1 Zweierstab) erfassen.

Nach Spectra

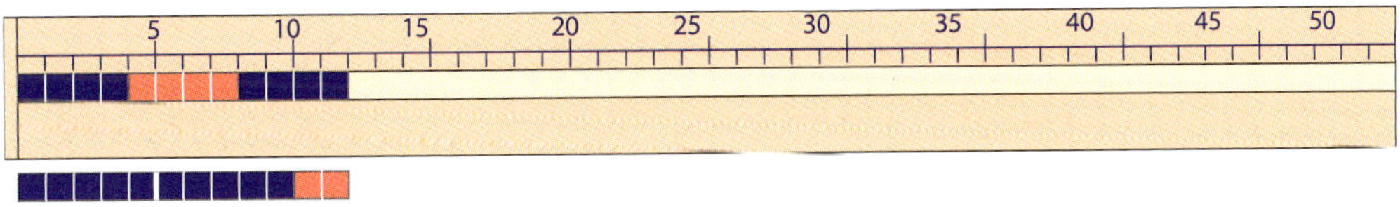

Die Multiplikation am Hunderterbrett

Das Auslegen der Aufgabe 3 x 4 = ? am Hunderterbrett kann zunächst in Form einer Flächendarstellung ausgeführt werden. Durch Drehen des Brettchens lässt sich dabei auch das Kommutativgesetz (3 x 4 = 4 x 3) verdeutlichen.

Um eine zahlenmäßige Lösung zu bekommen, empfiehlt es sich jedoch, das vorgegebene Zehnerraster zu benutzen. Allerdings muss dann der letzte Vierer, der nicht mehr in die Reihe passt, durch zwei Zweier ausgetauscht werden.

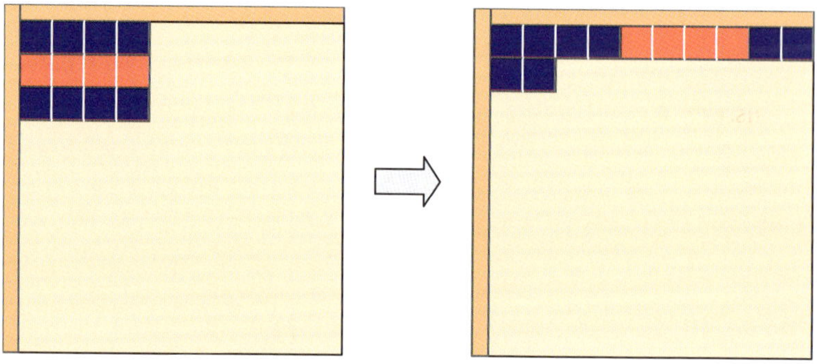

Die Einmaleins-Tafel

Eine Einmaleins-Tafel wird am besten selbst erstellt – das fördert das Verständnis.

Um das kleine Einmaleins in den Griff zu bekommen, entwickeln wir unsere Einmaleins-Tafel selbst. Wir gehen dabei am besten strategisch vor. Als Erstes machen wir uns klar, dass wir nur eine Hälfte der Tafel beherrschen müssen, wenn wir zusätzlich die Tauschaufgaben einsetzen. Des Weiteren unterscheiden wir wieder Grundaufgaben, die leicht zu merken sind, und abgeleitete Aufgaben, die sich aus den Grundaufgaben entwickeln lassen.
Zu den Grundaufgaben zählen wir die folgenden Einmaleins-Reihen:
1 x 0 bis 10 x 0, 1 x 1 bis 10 x 1, 1 x 2 bis 10 x 2,
1 x 10 bis 10 x 10, 1 x 5 bis 10 x 5
Die Aufgaben mit der Null und der Eins als Multiplikator müssen wir nicht üben: Wir wissen die Lösung bereits. Die Zweierreihe (2 als Multiplikator) ermitteln wir durch Verdoppeln, die Zehnerreihe, indem wir die Kraft der Zehn einsetzen. Die Fünferreihe finden wir durch Halbieren der Zehnerergebnisse.

Alle diese Strategien sind uns durch die Arbeit an der Addition bzw. Subtraktion vertraut. Wir können die Ergebnisse ohne vieles Üben in unsere Einmaleins-Tafel eintragen. Wenn wir jedoch noch unsicher sind, vergewissern wir uns durch Auslegen von Material, verbunden mit handlungsbegleitendem Sprechen.
Die abzuleitenden Aufgaben entwickeln wir wie folgt:
Wir schließen von 2 x 1 bis 2 x 10 auf 4 x 1 bis 4 x 10 (Verdoppeln),
wir schließen von 4 x 1 bis 4 x 10 auf 8 x 1 bis 8 x 10 (Verdoppeln).

Das Einmaleins der 3 lässt sich ebenso wie das Zweier-Einmaleins gut in Schritten merken: 3, 6, 9 usw.
Das Einmaleins der 6 finden wir entsprechend durch Verdoppeln der Ergebnisse der Dreierreihe.
Das Neuner-Einmaleins lässt sich bekanntlich einfach merken – durch die absteigende Folge der Einerzahlen und die aufsteigende Folge der Zehnerzahlen bei der Lösung:

9, 18, 27, 36, 45, 54, 63, 72, 81, 90
9, 18, 27, 36, 45, 54, 63, 72, 81, 90

Der »Fingertrick«

Um die Lösung einer Neuner-Einmaleins-Aufgabe sofort zu wissen, hilft außerdem der Fingertrick:
Dabei wird jedem Finger der beiden Hände eine Zahl von 1–10 zugeordnet, beginnend mit dem kleinen Finger der linken Hand als 1 und endend mit dem kleinen Finger der rechten Hand als 10.
Suchen wir die Lösung für die Aufgabe 6 x 9 = ?, so müssen wir nur den 6. Finger wegklappen (es ist der Daumen der rechten Hand) und wir sehen: links vom Daumen 5 Finger, rechts vom Daumen 4 Finger, das ist die Abbildung der Lösungszahl: 54.
Diese Strategie funktioniert für alle Rechenoperationen des Neuner-Einmaleins.
So bleibt uns nur noch die Siebenerreihe übrig. Wenn wir die Tauschaufgaben als bekannt voraussetzen, müssen wir dann nur noch die Aufgabe: 7 x 7 = 49 behalten.

Das Einmaleins ist keine Hexerei, sondern lässt sich mithilfe geschickter Strategien sicher beherrschen.

X	0	1	2	3	4	5	6	7	8	9	10
0	0	0	0	0	0	0	0	0	0	0	0
1	0	1	2	3	4	5	6	7	8	9	10
2	0	2	4	6	8	10	12	14	16	18	20
3	0	3	6	9	12	15	18	21	24	27	30
4	0	4	8	12	16	20	24	28	32	36	40
5	0	5	10	15	20	25	30	35	40	45	50
6	0	6	12	18	24	30	36	42	48	54	60
7	0	7	14	21	28	35	42	49	56	63	70
8	0	8	16	24	32	40	48	56	64	72	80
9	0	9	18	27	36	45	54	63	72	81	90
10	0	10	20	30	40	50	60	70	80	90	100

Einmaleins-Tafel

Diese Einmaleins-Tafel können wir uns selbst herstellen, indem wir zuerst die Ergebniszahlen der beherrschten Grundaufgaben eintragen.
Immer wenn wir dann eine weitere Reihe der abgeleiteten Aufgaben beherrschen, füllen wir die Tafel weiter aus und kennen und markieren dadurch unseren Wissensstand. Ist die Tafel komplett ausgefüllt, beherrschen wir das Einmaleins.
Um uns in unserer Tafel besser zurechtzufinden, kolorieren wir die Reihen mit unterschiedlichen Farben. In der obigen Tafel wurden die Grundaufgaben in hellem Grün und hellem Gelb dargestellt, die abgeleiteten Reihen in dunkleren Tönen markiert. Besonders gekennzeichnet wurden die Quadratzahlen, die durch die absteigende Diagonale gebildet werden, die

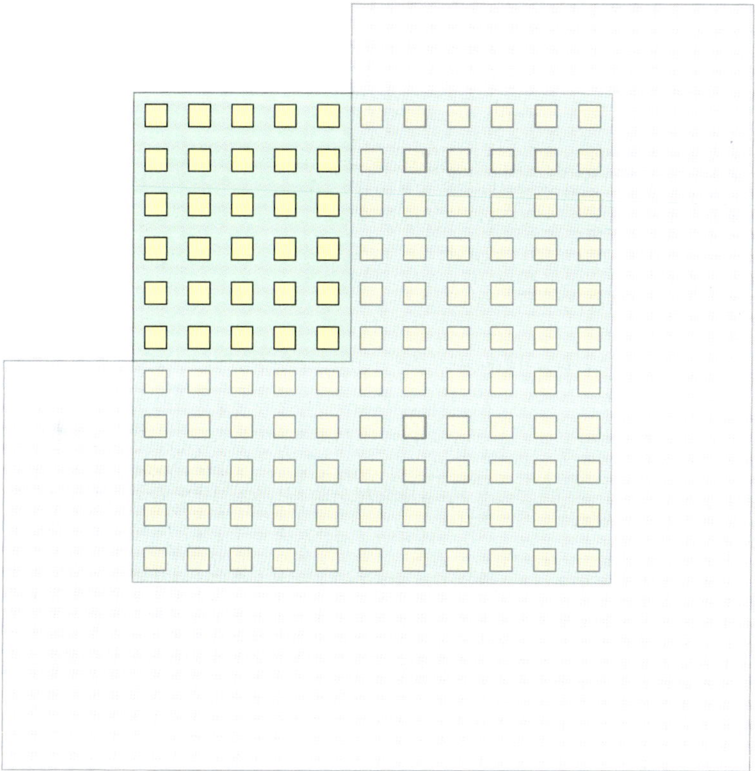

Der Einmaleins-Winkel und das Hunderterfeld

gleichzeitig auch als Symmetrieachse für die Spiegelung in Aufgaben und Tauschaufgaben dient.

Ist die Tafel ausgefüllt, kann sie auch als Arbeitsmittel zum Automatisieren des kleinen Einmaleins eingesetzt werden. Die farbliche Koordinatendarstellung erleichtert dabei das Auffinden der Zahlen. Durch die Benutzung einer Schablone – auch als Einmaleins-Winkel bezeichnet – wird das Auffinden der Ergebniszahlen zusätzlich erleichtert. Diese Schablone kann leicht mithilfe von Kartonpapier selbst hergestellt werden.

Der Einmaleins-Winkel kann außerdem bei einem Hunderterfeld (Quadrat mit 10 x 10 Punkten) eingesetzt werden, um die mengenmäßige bzw. flächenmäßige Darstellung der Einmaleins-Ergebnisse bewusst zu machen.

Weitere Möglichkeiten der Automatisierung

Andrea Schulz (2003) regt an, die Finger zur Automatisierung der Einmaleins-Reihen einzusetzen. Dabei werden die Fingernägel des Kindes – beginnend mit dem kleinen Finger der linken Hand und endend mit dem kleinen Finger der rechten Hand – mit den Ergebniszahlen der zu automatisierenden Einmaleinsreihe beschriftet. Bei der Sechserreihe mit den Ergebniszahlen 6, 12, 18 usw.

Die Finger können helfen, Zahlenverständnis zu entwickeln.

Geübt wird durch lautes Lesen der Zahlenreihe – vorwärts und rückwärts –, indem der jeweilige Finger beim Aussprechen der Zahl bewegt wird: zuerst der Reihe nach, danach in unsystematischer Abfolge. Dann wird in Partnerarbeit geübt, indem verschiedene Finger vom Partner angetippt werden und vom Kind die entsprechende Zahl genannt wird.

Geübt wird des Weiteren, indem eine Hand, später beide Hände, von einem Tuch bedeckt werden und die Operation sozusagen blind durchgeführt wird, wobei die Fingerbewegung unter dem Tuch deutlich sichtbar sein sollte.

Halten wir abschließend noch einmal fest:

Wichtig ist es, durch Auslegen von konkretem Material die Rechenoperation zu be-greifen und dadurch immer wieder bewusst zu machen, bevor wir darangehen, durch den Einsatz der diversen Strategien Zahlbeziehungen herzustellen und dadurch das Verständnis zu vertiefen.

Die Division verstehen

Wie wir alle wissen ist die Division, das Teilen, als Umkehrhandlung zur Multiplikation, dem Malnehmen, zu verstehen.

Daher kann die Einmaleins-Tafel auch zur Einsdurcheins-Tafel umfunktioniert werden, wenn wir nur die Blickrichtung ändern. Während bei der Multiplikation das Produkt im Kreuzungspunkt der Koordinaten bzw. in der Winkelspitze des angelegten rechten Winkels liegt und die beiden Faktoren die Anfangspunkte der Koordinaten bzw. der Winkelschenkel darstellen, liegt bei der Division der Dividend im Schnittpunkt der Koordi-

naten bzw. in der Winkelspitze. Divisor und Quotient sind die Anfangspunkte der Koordinaten bzw. der Winkelschenkel.
Bevor wir diese Beziehung unserem Kind einsichtig machen können, sollte es zunächst die Handlung des Teilens mit einem der vorgestellten Materialien (Farbige Stäbe, Spectra, Dienes) ausführen, um damit einen ersten Zugang zum Verständnis der Division zu bekommen.
Dazu müssen wir wissen, dass die Didaktik der Mathematik zwei Arten des Teilens kennt, und zwar das Aufteilen und das Verteilen.

Dic Handlung des Teilens wird dem Kind zunächst im Umgang mit Material bewusst gemacht.

Das Aufteilen bei der Division

Wir wählen für die Handlung des Aufteilens die Spectra-Stäbe und überlegen uns, wie die Aufgabe 24 : 6 = ? mit Stäben gelegt werden kann.

Die Division an der Zahlenleiste

Ausgehend von der Zahl 24 an der Zahlenleiste, legen wir Sechserstäbe in Richtung auf die Null. Wir sehen: Das geht vier Mal. Die 4 ist der Quotient. Er gibt die Antwort auf die Frage: Wie oft? (lat.: quotiens).
Unsere Lösung lautet 24 : 6 = 4; die Anzahl 24 wurde in 4 Sechserportionen aufgeteilt.

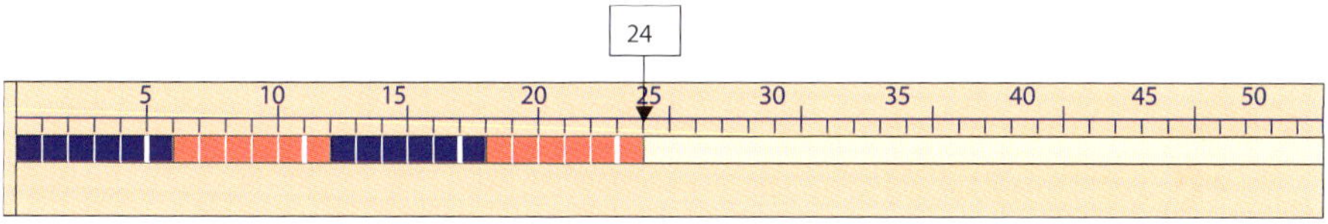

Wenn wir die Rechnung auf eine Alltagshandlung anwenden wollen, so können wir uns eine Menge von 24 Eiern vorstellen, die auf Sechser-Eierkartons aufgeteilt werden:
Wir erhalten dabei 4 Sechser-Eierkartons.

Das Verteilen bei der Division

Wenn wir bei diesem Beispiel bleiben und uns aber die Situation des Verteilens klar machen wollen, so verteilen wir die Anzahl von 24 Eiern an 6 Kinder:
Wir können jedem Kind dann 4-mal ein Ei geben; jedes Kind erhält also 4 Eier.

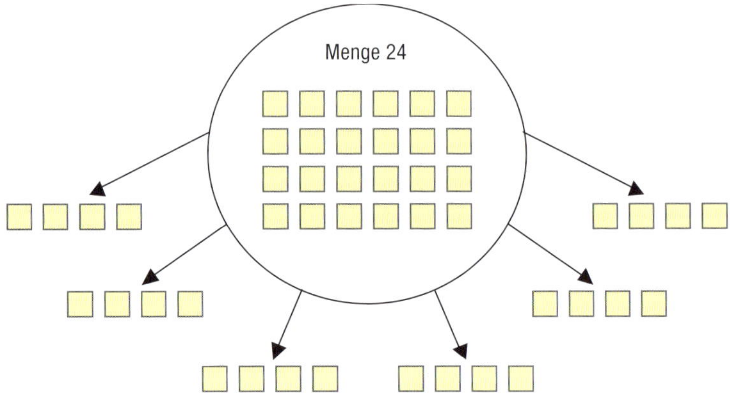

Schematische Darstellung der Verteilhandlung

Aufteilen oder Verteilen – das ist ein Unterschied. Das Verteilen ist als Divisionshandlung sehr aufwändig.

Wir sehen: Das Verteilen ist als Divisionshandlung sehr aufwändig. Rechnerisch führt sie zum gleichen Ergebnis wie die Handlung des Aufteilens. Daher ist es besser, beim Handlungsrechnen auf das Verteilen zu verzichten und die einfacher auszuführende Aufteilhandlung zu verwenden.
Wenn wir handelnd eine Vorstellung von der Divisionshandlung gewonnen haben, können wir uns wieder der Einmaleins- bzw. Einsdurcheins-Tafel zuwenden.

Umkehraufgaben

Alle Aufgaben, die wir bereits beim Einmaleins trainiert haben, sind als Umkehraufgaben für das Einüben des kleinen Einsdurcheins geeignet. Wir müssen nur die Blickrichtung verändern.
Sofern wir die Einmaleins-Reihen bereits automatisiert haben, lassen sich im Allgemeinen auch die Einsdurcheins-Reihen sehr schnell einüben.
Wenn wir wissen: $5 \times 6 = 30$,
so wissen wir auch: $30 : 6 = 5$ oder $30 : 5 = 6$.
Das Einsdurcheins üben wir dabei in der gleichen Reihenfolge ein, wie wir uns das Einmaleins erschlossen haben: Wir beginnen mit den leichten Grundaufgaben, behandeln dann die Verdoppelungen von 2 und 4, die Vierer- und die Achterreihe, anschließend die Dreier-, Sechser- und Neunerreihe und zum Schluss die Siebenerreihe.

Wenn das Kind lieber eine andere Reihenfolge wählen möchte, sollten wir ihm dies auch zugestehen. Vielleicht hat es eine andere Assoziationskette gefunden, die es besser behalten kann.

Übungspläne selbst erstellen

Wenn wir eine Grundrechenart, z.B. die Addition, handelnd erarbeitet haben, können wir bei der Anwendung der verschiedenen Strategien, z.B. »Verdoppeln« oder »die Kraft der Fünf«, nach dem Muster der angegebenen Beispielaufgaben weitere Aufgaben selbst erstellen, die das Kind dann selbstständig lösen sollte. Dazu ist eine Lernkartei sehr gut geeignet.

Um das selbstständige Arbeiten zu erleichtern, ist eine Lernkartei sehr hilfreich. Dabei dient die Lernkartei nach Sebastian Leitner als Vorbild.

Die Lernkartei

Als Vorbild dient uns die so genannte Leitner-Kartei (Leitner, 2000). Sie wurde ursprünglich für das Vokabellernen entwickelt. Auf eine Karteikarte (erhältlich im Schreibwarenhandel) wird eine Vokabel der zu erlernenden Fremdsprache geschrieben und auf die Rückseite die Übersetzung ins Deutsche.

Entsprechend machen wir es jetzt mit unseren Mathematikaufgaben: Auf die Vorderseite der Karteikarte wird die Aufgabe geschrieben, auf die Rückseite die Lösung. Zusätzlich kann das Kind auf der Vorderseite die anzuwendende Strategie kennzeichnen, z.B. »die Kraft der Fünf« mit 5 gelben Punkten, »das Verdoppeln« mit einem dicken grünen Balken oder mit einem anderen Symbol, das das Kind sich ausdenkt.

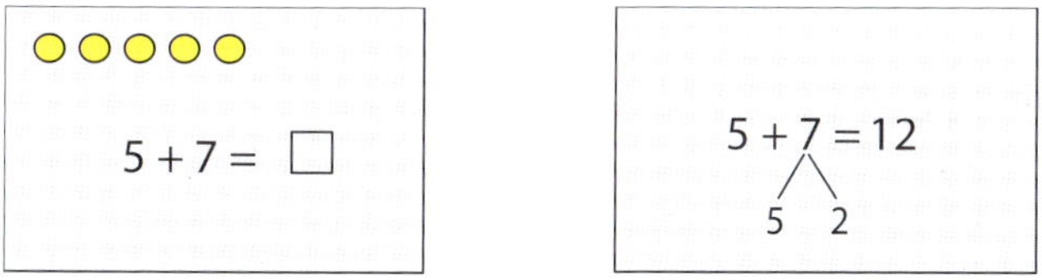

Muster für eine Karteikarte

Einen Karteikasten können wir passend zu der Größe der ausgewählten Karteikarten in der Länge von ca. 30 cm im Schreibwarenhandel erwerben oder selbst herstellen.

Um sinnvoll mit den Karteikarten arbeiten zu können, bekommt der Karteikasten fünf verschieden große Fächer: Das erste Fach ist das kleinste (etwa 1 cm breit), das zweite Fach doppelt so groß, das dritte Fach doppelt so groß wie das zweite Fach, das vierte Fach doppelt so groß wie das dritte Fach, das fünfte Fach bekommt den restlichen Platz (etwa 15 cm).

Bei der Arbeit mit der Lernkartei bestimmt das Kind das Lerntempo selbst, es kontrolliert sich selbst und der Lerngegenstand ist ständig sichtbar.

Geübt wird, indem mit etwa zehn Kärtchen begonnen wird, die in das erste Fach gesteckt werden. Am folgenden Tag werden dieselben Kärtchen wiederholt geprüft und wandern, wenn sie beherrscht werden, in das nächst größere zweite Fach. Bei Nicht-Beherrschen kommen sie zurück in das erste Fach. Am übernächsten Tag wird das zweite Fach erneut geprüft: Die gekonnten Kärtchen wandern in das dritte Fach, die nicht gekonnten Kärtchen dagegen in das erste Fach zurück. Gleichzeitig wird ein neues Kartenpäckchen für das erste Fach abgeprüft. Nach einer Woche wird das dritte Fach erneut geprüft, die gekonnten Kärtchen wandern in das vierte Fach, die nicht gekonnten in das erste Fach zurück. Nach einem Monat wird das vierte Fach entsprechend der Methode »Vor-Rück« bearbeitet.

Geübt wird nach dem besprochenen Zeitplan: Das erste Fach wird täglich geprüft, das zweite Fach alle zwei Tage, das dritte Fach einmal pro Woche, das vierte Fach einmal pro Monat, das fünfte Fach ist die Ablage.

Bei dieser Methode werden die zu beherrschenden Aufgaben in verschieden langen zeitlichen Abständen abgeprüft. Wenn ein Kärtchen alle Stationen durchlaufen hat und in die Ablage gewandert ist, kann man davon ausgehen, dass die Aufgabe automatisiert und im Langzeitgedächtnis verankert wurde.

Verständnisüberprüfung am leeren Zahlenstrahl in jeder Grundrechenart

Der leere Zahlenstrahl, auch »Rechenstrich« genannt, gilt in den Niederlanden als ein hervorragendes Arbeitsmittel für den Mathematikunterricht, da er die Entwicklung eigener Konstruktionen im Sinne des aktiv entdeckenden Lernens begünstigt.

Bei der Arbeit am leeren Zahlenstrahl werden die Kinder angehalten, ihre eigenen Vorstellungen von den Zahlen und ihren Beziehungen und von ihren eigenen Rechenwegen und Strategien anhand eines Strichs darzustellen. Dieser Strich enthält weder Zahlangaben noch Einteilungen: Er ist einfach nur ein Strich; daher kann er hervorragend als diagnostisches Mittel zur Verständnisüberprüfung dienen.

Wenn unser Kind durch den Umgang mit konkretem Material und durch die Auseinandersetzung mit verschiedenen Rechenstrategien einen eigenen Zugang zu einer Rechenoperation gefunden hat, sollte es in der Lage sein, seine Vorgehensweise im Kopf – sozusagen in einer Metaebene – zu überdenken und diese Vorstellung auf den Zahlenstrahl zu übertragen. Die Einteilungen und zahlenmäßigen Beschriftungen sollte es dabei nach seinen eigenen Vorstellungen vornehmen können.

Die Art und Weise, wie das Kind die Zahlmarkierungen anbringt und wie es versucht, die Rechenhandlung darzustellen, lässt dabei Rückschlüsse zu, auf welchem Stand von Zahl- und Operationsverständnis es sich befindet. Wir erkennen z. B., ob das Kind die Zahlen in der richtigen Reihenfolge einträgt oder ob die Zehnerabstände oder Fünferabstände oder der Abstand von der Anfangszahl zur Null plausibel sind. Wir erkennen, ob es zählend rechnet oder ob es Strukturen beachtet und Strategien einsetzt. Wichtig ist auch hier, dass die zeichnerische Darstellung von lautem Sprechen begleitet wird. Das Kind soll sagen, was es tut und was es dabei denkt.

Dem Einsatz des leeren Zahlenstrahls sollte bei rechenschwachen Kindern eine gründliche Beschäftigung mit begreifbaren, konkreten Materialien vorausgehen.

Überprüfung der Addition am leeren Zahlenstrahl

Wenn wir überprüfen wollen, ob ein Kind die Addition im Zwanzigerraum verstanden hat, stellen wir ihm z. B. die Aufgabe 8 + 9 = ?

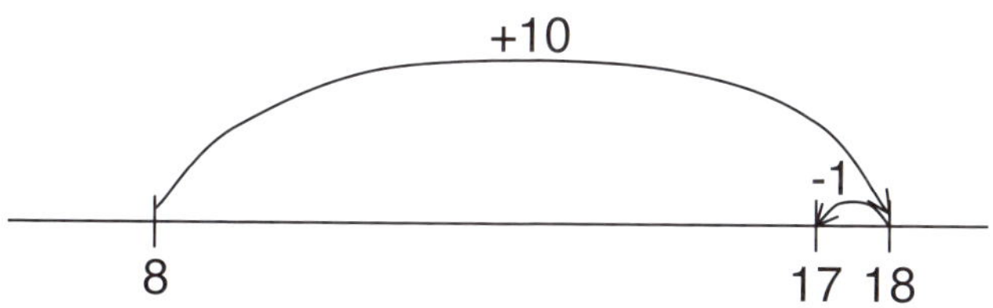

Hat das Kind die Addition verstanden und kennt es die Tricks, um auf einfache Weise die Lösung zu finden (z. B. die Kraft der 10, Verdoppeln, Addieren/Subtrahieren der 0, 1 und 2 u. a.), so wird es zunächst vielleicht an der linken Seite des Strahls einen Strich anbringen und die 8 eintragen, danach wird es einen Bogen schlagen und einen weiteren Strich anbrin-

Der leere Zahlenstrahl bildet eine Brücke zwischen der konkreten Rechenhandlung und der rein symbolischen Darstellung mit Zahlen und Operationszeichen.

gen, um den zweiten Summanden hinzuzufügen. Will es dabei die Kraft der 10 ausnutzen, notiert es bei diesem Strich die Zahl 18. Bis jetzt hat es damit die Aufgabe 8 + 10 = 18, die es auswendig weiß, gerechnet. Jetzt muss es hiervon noch die Eins abziehen, um zum eigentlichen Ergebnis zu kommen. Dazu springt es – indem es die Einerlänge abschätzt – ein kurzes Stück nach links und trägt einen weiteren Strich ein, welcher das Ergebnis, 17, markiert (siehe Abbildung auf Seite 127).
Löst das Kind die Aufgabe auf die oben beschriebene Weise, so erkennt man daran, dass es bereits die Teilschritte 8 + 10 = 18; 9 = 10 – 1 sowie 18 – 1 = 17 beherrscht.
Rechnet ein Kind noch zählend, so wird es die Überprüfungsaufgabe anders lösen. Es wird vielleicht einen Strich zeichnen und die 8 eintragen, danach wird es 9 weitere Striche einzeichnen, um den Summanden 9 hinzuzufügen. Jetzt kennt es allerdings immer noch nicht das Ergebnis. Um die Lösung zu ermitteln, muss es nochmals – von der 8 ausgehend – die eingetragenen Striche zählen, sodass es zählend das Ergebnis – 17 – ermittelt.

Löst ein Kind die gestellte Aufgabe am Zahlenstrahl auf diese Weise, so erkennen wir daran, dass es noch kein Gefühl für die Mächtigkeit von Zahlen hat. Das gliedernde Erfassen von Anzahlen und das Einsetzen von Strategien sollte in diesem Fall noch mithilfe von konkretem Material geübt werden.

Überprüfung der Subtraktion am leeren Zahlenstrahl

Hat das Kind die Subtraktion verstanden, so wird es bei der Aufgabe 15 – 9 = ? vermutlich an der rechten Seite des Strahls die 15 eintragen, vielleicht ein Fünferraster nach links abtragen und eine weitere, gleich lange Strecke (wenn es die Kraft der Fünf ausnutzen will). Bis jetzt hat es die Aufgabe 15 – 10 = ? gerechnet; deshalb muss es jetzt noch die Länge der Einerstrecke abschätzen und wieder nach rechts springen, um sie einzutragen.

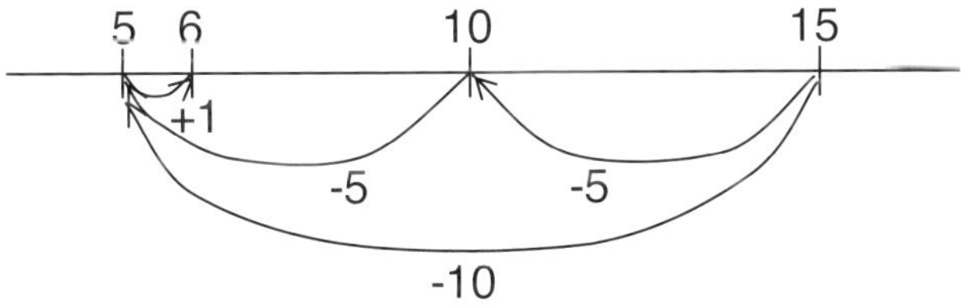

In ähnlicher Weise können wir auch bei der Verständnisüberprüfung der Multiplikation und der Division verfahren. Der leere Zahlenstrahl ist dabei geeignet, sozusagen als halbkonkretes Arbeitsmittel, eine Brücke zu bilden zwischen der konkreten Rechenhandlung und der rein symbolischen Darstellung mit Zahlen und Operationszeichen. Der Transfer von der Handlung über das Bild (oder die Vorstellung im Kopf) zum Symbol wird erleichtert. Diese Darstellungsform erleichtert es dem Kind, seine Denkstrategien darzustellen.

Wenn schulische und elterliche Hilfe nicht ausreichen

Eltern müssen sich zusammentun und Einfluss nehmen auf Verordnungen und Verwaltungsvorschriften, damit rechenschwache Kinder eine gezielte Förderung erhalten und ihre Lernproblematik – entsprechend der Legasthenie-Verordnung – gesondert betrachtet wird und nicht den Schulerfolg insgesamt gefährden kann – denn diese Kinder sind intelligent und haben ein großes Potenzial.
Bis sich ein solches öffentliches Bewusstsein jedoch durchgesetzt hat und in der Schule allgemein umgesetzt wird, wird es wohl noch einige Zeit dauern und die Förderung des Kindes primär in den Händen der Eltern liegen. Trotz intensiven und konsequenten Bemühens reicht jedoch manchmal die elterliche Hilfe nicht aus, und es muss nach weiteren Möglichkeiten der Förderung gesucht werden.

Wenn schulische Fördermöglichkeiten fehlen und elterliche Unterstützung nicht greift, bleibt oftmals nur der Weg, bei einem kommerziellen Therapieinstitut Hilfe zu suchen.

Außerschulische Therapiemöglichkeiten

Immer mehr Pädagogen und Psychologen haben den Bedarf an außerschulischer Förderung erkannt; daher gibt es in der gesamten Bundesrepublik immer mehr Therapieeinrichtungen für rechenschwache Kinder. Die IFRK hat eine Therapieeinrichtungsliste der uns bekannten bundesdeutschen Institute erstellt. Es sind mehr als 100 Anbieter – und das ist nur eine Auswahl. Aufgenommen wurden nur diejenigen Institute, die auf unsere schriftliche Anfrage bereit waren, detailliertere Auskünfte über ihr Institut zu erteilen.
Es soll hier ausdrücklich darauf hingewiesen werden, dass es auch verschiedene Kliniken gibt, die Kinder mit (schulischen) Teilleistungsschwächen therapieren. Diese Therapien finden in Form von mehrwöchigen Kuren statt, die im Allgemeinen von den Krankenkassen als Kostenträger übernommen werden. In besonderen Fällen besteht bei diesen Kuren für Mütter die Möglichkeit, ihr zu therapierendes Kind während des Klinikaufenthaltes zu begleiten.
Adressen von Therapieeinrichtungen und Kurkliniken in Deutschland können bei allen Kontaktpersonen der IFRK erfragt werden (siehe www.ifrk-ev.de).
Über die Homepage der IFRK sind sowohl die Kontaktadressen der Vorstandsmitglieder als auch weitere hilfreiche Informationen abrufbar.

Worauf muss bei der Therapie geachtet werden?

Das Wichtigste für jede Therapie: Die Beziehung zwischen Therapeuten und Kind muss stimmig sein. Wenn das Kind kein Vertrauen entwickelt, kann keine Therapie funktionieren.

Die Institute zur Therapie von Rechenschwäche bieten im Allgemeinen nach einem meist kostenlosen Beratungsgespräch eine unverbindliche Eingangsdiagnose zur Feststellung einer Rechenschwäche an. Die Eingangsdiagnostik umfasst in der Regel eine qualitative Fehlerdiagnose mit der Feststellung des aktuellen Lernstandes und der individuellen Fehlertypologie des Kindes. Von einigen Instituten werden auch die Basisfähigkeiten für die Lernkompetenz in Mathematik ermittelt. Diese Erhebungen dienen gleichzeitig als Ansatz für die Förderung.

- Der Eingangstest ist meistens kostenpflichtig. Die Kosten können bis zu 300 € betragen.
- Die monatlichen Kosten für die Therapie belaufen sich zurzeit auf ca. 150 € bis 250 € bei einer wöchentlichen Einzeltherapiestunde. In Ferienzeiten muss in der Regel weiterbezahlt werden, auch wenn keine Therapiestunden anfallen.
- Eine Kündigung sollte zu jedem Monatsende möglich sein.
- Eine Vorhersage für die Therapiedauer ist auch nur sehr eingeschränkt möglich. Die Durchschnittsdauer einer Therapie wird von den Instituten im Allgemeinen mit etwa zwei Jahren angegeben; sie kann je nach Schweregrad der Rechenschwäche variieren.
- Der Therapeut sollte möglichst ein abgeschlossenes Hochschulstudium in den Fächern Psychologie oder Pädagogik nachweisen können. Ein zusätzliches Studium der Mathematik an einer Pädagogischen Hochschule oder Universität wäre weiterhin von Vorteil.
- Die meisten Institute haben eigene Therapiemethoden entwickelt, die durch spezielle Schulungen an die institutszugehörigen Therapeuten weitergegeben werden.
- Eine Vorhersage für den Therapieerfolg kann es in keinem Fall geben, da der Therapieerfolg von zu vielen Faktoren abhängt.
- Das Wichtigste bei einer Therapie ist auf jeden Fall eine gute Therapeuten-Kind-Beziehung. Wenn ein Kind kein Vertrauen zu seinem Therapeuten fasst, kann die Therapie nicht gelingen, auch wenn die sonstigen Parameter stimmen.

Eltern sollten daher ihr Kind während der Dauer einer Therapie sehr aufmerksam beobachten und befragen. Unter Umständen ist ein Wechsel der therapierenden Person angezeigt.

Unterstützung durch das Kinder- und Jugendhilfegesetz (KJHG)

Eingliederungshilfe für seelisch behinderte Kinder und Jugendliche

Im Sozialgesetzbuch VIII § 35 a wird die sog. Eingliederungshilfe folgendermaßen definiert:

(1) Kinder oder Jugendliche haben Anspruch auf Eingliederungshilfe, wenn
   1. ihre seelische Gesundheit mit hoher Wahrscheinlichkeit länger als sechs Monate von dem für ihr Lebensalter typischen Zustand abweicht und
   2. daher ihre Teilhabe am Leben in der Gesellschaft beeinträchtigt ist oder eine solche Beeinträchtigung zu erwarten ist.

(2) Die Hilfe wird nach dem Bedarf im Einzelfall
   1. in ambulanter Form,
   2. in Tageseinrichtungen für Kinder oder in anderen teilstationären Einrichtungen,
   3. durch geeignete Pflegepersonen und
   4. in Einrichtungen über Tag und Nacht sowie sonstigen Wohnformen geleistet.

Diese Fassung des § 35 a ist seit dem 1. 7. 2001 in Kraft. Damit wurde die vorhergehende Fassung des § 35 a abgelöst, wo es noch hieß: »Kinder und Jugendliche, die seelisch behindert oder von einer solchen Behinderung bedroht sind, haben Anspruch auf Eingliederungshilfe.« Mit der Gesetzesänderung wird die Hilfe nur unter der Voraussetzung gewährt, dass seelische Beeinträchtigungen mit hoher Wahrscheinlichkeit über einen längeren Zeitraum vorliegen, und daher eine seelische Behinderung droht. Die Möglichkeit, präventiv vorzugehen, wird damit stark eingeschränkt. Diese Einschränkung trifft vor allem Kinder aus sozial schwachen Familien, denen eine private Finanzierung von Therapien nicht möglich ist.

Eltern sollten sich nicht scheuen, staatliche Formen der Unterstützung in Anspruch zu nehmen.

Der Antrag auf Eingliederungshilfe kann in der Regel formlos gestellt werden. Beizufügen sind verschiedene Gutachten, die die Notwendigkeit der therapeutischen Intervention belegen.
Die Schule sollte bestätigen, dass ein sonderpädagogischer Förderbedarf besteht, den die Schule nicht decken kann.
Ein Diplom-Psychologe sollte bestätigen, dass eine seelische Behinderung bereits seit mindestens sechs Monaten besteht, die durch die Rechenschwäche herbeigeführt wurde und die es mittels einer Rechenschwäche-Therapie zu beheben gilt.
Das psychologische Gutachten sollte nicht von einem Psychologen durchgeführt werden, der im Anschluss die Therapie übernimmt: Gutachten und Therapie dürfen nicht in einer Hand liegen, damit ein kommerzielles Interesse am Testergebnis ausgeschlossen werden kann.
Die Therapie darf nur von einem Therapeuten durchgeführt werden, den das Jugendamt als solchen anerkennt (Qualitätssicherung durch das Jugendamt). Das ist z.B. ein Diplom-Psychologe, ein Diplom- oder Heilpädagoge, ein Kinder- und Jugendpsychiater, ein Sonderschulpädagoge mit Zusatzqualifikation oder ein Diplom-Sozialpädagoge.
Bei ambulanten Maßnahmen wird der Antragsteller nicht zu den Kosten herangezogen; d.h., die Eltern müssen ihr Einkommen nicht offen legen.

Hilfe zur Erziehung

Eine weitere Möglichkeit der staatlichen Unterstützung bei Rechenschwäche besteht aufgrund §27 SGB VIII:
Danach hat ein Personensorgeberechtigter bei der Erziehung eines Kindes oder eines Jugendlichen Anspruch auf Hilfe (Hilfe zur Erziehung), wenn eine dem Wohl des Kindes oder des Jugendlichen entsprechende Erziehung nicht gewährleistet ist und die Hilfe für seine Entwicklung geeignet und notwendig ist.
Hilfe zur Erziehung umfasst insbesondere die Gewährung pädagogischer und damit verbundener therapeutischer Leistungen.
Bei dieser Form der Hilfe findet die intervenierende Maßnahme im Allgemeinen in einer stationären Einrichtung, z.B. einem Internat, statt. In diesem Fall können die Eltern, das Kind oder der Jugendliche an den Kosten beteiligt werden (Offenlegung der Einkünfte).

Glossar

Adäquat:	angemessen, angepasst
Arithmasthenie:	Begriff für Rechenschwäche
Auditiv:	das Hören betreffend
Basale Funktionen:	Grundfunktionen der Sinneswahrnehmung
Demotivation:	Unlust
Diagnostik:	Bestimmungslehre
Didaktik:	Unterrichtslehre
Differenzierung:	Unterscheidung, Feststellen der Unterschiede
Diskrepanz:	Unterschied, Abweichung
Divident:	zu teilende Zahl
Divisor:	Zahl, mit der geteilt wird
Dyskalkulie:	Begriff für Rechenschwäche
Dyspraxie:	kindliche Handlungsstörung, mangelhafte Bewegungsplanung
Emotional:	gefühlsmäßig
Frustration:	fehlende Motivation aufgrund von Misserfolgen
Genetisch:	erbbedingt
Hemisphäre:	Gehirnhälfte
Insuffizienz:	Schwäche
Integration:	ein Ganzes bilden
Intervention:	Eingreifen
Invarianz:	Unveränderlichkeit von physikalischen oder mathematischen Größen
Kardinal:	die Mächtigkeit betreffend
Klassifizierung:	Zuordnung zu einer Klasse
Kognitionspsychologie:	Psychologie, die sich auf die gedankliche Verarbeitung bezieht
Kognitive Fähigkeiten:	geistige Fähigkeiten, die Erkenntnis betreffend – Denken, Planen, Vorstellen, Erinnern, Gedächtnis

Kompetenz:	Befähigung, Fachkenntnis
Konfiguration:	Gestaltung
Korrelation:	Wechselbeziehung
Lateralität:	Seitigkeit
Mental:	geistig
Minuend:	zu verkleinernde Zahl
Motivation:	Antrieb, Anstoß
Neurogen:	auf das Nervensystem bezogen
Neurologie:	Nervenheilkunde
Operativ:	eine Handlung betreffend
Operator:	Ausführer der Rechenhandlung
Ordinal:	auf die Reihe, Platzierung bezogen
Perinatal:	während des Geburtsvorgangs
Physiologie:	Lehre von den Lebensvorgängen
Plazenta:	Mutterkuchen
Pränumerisch:	mengenmäßig, ohne zu zählen
Psyche:	Seele
Psychomotorik:	Bewegungsleben
Quotient:	Ergebnis der Operation des Teilens
Sekundärsymptome:	Folgesymptome
Selektion:	Auswahl
Sensorisch:	die Sinne betreffend
Seriation:	Reihenbildung
Simultan:	gleichzeitig
Sozialpädiatrisches Zentrum:	Zentrum für Kindesentwicklung
Statisch:	einen Zustand betreffend
Subtrahend:	abzuziehende Zahl
Summand:	zu addierende Zahl
Syndrom:	Gesamtbild der Symptome
Taktil-kinästhetisch:	die Wahrnehmung von Berührung und Bewegung betreffend
Transfer:	Übertragung
Vestibuläre Wahrnehmung:	Gleichgewichtssinn
Visuell:	den Gesichtssinn betreffend

Literatur

Aebli, H.: Grundformen des Lehrens. Klett-Cotta, Stuttgart, 1978

Akademie für Lehrerfortbildung, Dillingen: Rechenstörungen. Auer-Verlag, 1995

Ayres, J.: Bausteine der kindlichen Entwicklung. Springer, Berlin u. a., 1984

Bruner, J. S.: Studien zur kognitiven Entwicklung. Klett, Stuttgart, 1988

Dehaene, Stanislas: Der Zahlensinn oder Warum wir rechnen können. Birkhäuser Verlag, Basel, 1999

Gerster, H.-D.: Arithmetik im Anfangsunterricht, in: Handbuch zur Grundschulmathematik 1. u. 2. Schuljahr. Klett, Stuttgart, 1994

Gerster, H.-D.: Positionspapier, in: Abaküs(s)chen 1/97, S. 10. IFRK e.V. (Hrsg.), Stuttgart, 1997

Gerster, H.-D./Schulz, Rita: Schwierigkeiten beim Erwerb mathematischer Konzepte im Anfangsunterricht. Bericht zum Forschungsprojekt: Rechenschwäche – Erkennen, Beheben, Vorbeugen. Pädagogische Hochschule Freiburg, Institut für Mathematik und Informatik und ihre Didaktiken, Freiburg, 1998

Fischer, B.: Hören – Sehen – Blicken – Zählen: Teilleistungen und ihre Störungen. Hans Huber Verlag, Bern, 2003

Kesper, G.: Sensorische Integration und Lernen. Grundlagen, Diagnostik und Förderung. Ernst Reinhardt-Verlag, München, 2002

Kesper, G./Hottinger, C.: Mototherapie bei Sensorischen Integrationsstörungen. Ernst Reinhardt-Verlag, 6. Aufl., München, 2002

Klauer, K. J.: In Mathematik mehr leistungsschwache Mädchen, in Lesen und Rechtschreiben mehr leistungsschwache Jungen? – Zur Diagnostik von Teilleistungsschwächen, in: Zeitschrift für Entwicklungspsychologie und Pädagogische Psychologie 24 (1), S. 48–65. 1992

Leitner, S.: So lernt man lernen. Herder, Freiburg, 2000

Lorenz, J.-H./Radatz, H.: Handbuch des Förderns im Mathematikunterricht. Schroedel, Hannover, 1993

Lorenz, J.-H.: Kinder entdecken die Mathematik. Westermann Praxis Pädagogik, Braunschweig, 1997

Lorenz, J.-H.: Lernschwache Rechner fördern. Cornelsen, Berlin, 2003

Milz, Ingeborg: Rechenschwächen erkennen und behandeln. Borgmann, Dortmund, 1993

Nestle, W.: Fördern bei elementaren Schwierigkeiten im Mathematikunterricht – Arithmetik. Reutlingen, 2003, Postfach 2344, 72713 Reutlingen

Nestle, W.: Fördern bei elementaren Schwierigkeiten im Mathematikunterricht – Geometrie. Reutlingen, 2003, Postfach 2344, 72713 Reutlingen

Piaget, J./Szeminska, A.: Die Entwicklung des Zahlbegriffs beim Kinde. Klett, Stuttgart, 1972

Radatz, H./Rickmeyer, K.: Handbuch für den Geometrieunterricht an Grundschulen. Schroedel, Hannover, 1991

Scherer, P.: Produktives Lernen für Kinder mit Rechenschwächen – Der Zwanzigerraum. Klett, Stuttgart, 2000

Schilling, S./Prochinig, T.: Dyskalkulie. Schubi, Winterthur, 1988

Schulz, A.: Jedes Kind kann rechnen lernen. Beiträge zur Lehrerfortbildung. LISA, Halle (Saale), 2003

Schulz, A.: Lernschwierigkeiten im Mathematikunterricht der Grundschule. Paetec, Berlin, 1995

Schwarz, M.: Rechenschwäche – Wie Eltern helfen können. Urania, Berlin, 1999

Spitzer, M.: Lernen. Gehirnforschung und die Schule des Lebens. Spektrum Verlag, Heidelberg, Berlin, 2002

Träbert, D.: Starke Eltern – erfolgreiche Schüler. rororo, Hamburg, 2003

Vorgestellte Tests

BADYS, Bamberger Dyskalkuliediagnostik. Paepsy-Verlag, Bamberg, 2005

DEMAT 1+, Deutscher Mathematiktest für erste Klassen. Hogrefe, Göttingen, 2002

DEMAT 2+, Deutscher Mathematiktest für zweite Klassen. Hogrefe, Göttingen, 2004

OTZ Osnabrücker Test zur Zahlbegriffsentwicklung. Hogrefe, Göttingen, 2001

Bezugsquellen für vorgestellte Lernmaterialien

Mathematik in der Grundschule: Farbige Stäbe, Bezugsquelle: Montessori-Shop (im Internet)
SPECTRA-Lernmaterial, Bezugsquelle: SPECTRA-Verlag GmbH, Bamlerstr. 1B, D-45141 Essen
SPECTRA-Rechenstäbe: mathe-konkret – 100er-Raum. 119 Holzrechenstäbe in Rot und Blau, im Holz-Sortierkasten, Best.-Nr. 580
SPECTRA-Hunderterbrettchen, Best.-Nr. 581
SPECTRA-Riesenleiste 100, Best.-Nr. 576

Farbige Stäbe: 240 Stäbe in 10 Farben in Kartonschachtel. Best.-Nr. 22000
Bezugsquelle: Schubi-Webers-Bildungsmedien, Postfach 3320, 38023 Braunschweig

Tangram
4 Spiele (Rot, Gelb, Blau, Grün) mit je 7 Teilen aus Kunststoffs, Best.-Nr. 25009
Tangram-Beiheft, Anleitung und Vorlagen, Best.-Nr. 25008
Bezugsquelle: Schubi-Webers-Bildungsmedien (siehe oben)
Tangram groß
3 magnetische Holzspiele mit je 7 Teilen in den Farben Gelb, Rot und Blau. Holzbox 20 x 20 cm (ohne Deckel), Best.-Nr. 73207
Bezugsquelle: Schubi-Webers-Bildungsmedien (siehe oben)

Schau und leg nach, Einfache Bilder aus geometrischen Grundformen, in verschiedenen Größen und Farben
Set A Best.-Nr. 73257 A, Set B Best.-Nr. 73257 B
Bezugsquelle: Schubi-Webers-Bildungsmedien (siehe oben)

Bausteine. Vom Baustein zur Konstruktion (Nikitin-Material)
8 Holzbausteine und 48 Baupläne im Spielvorlagenheft,
Best.-Nr. 73109
Bezugsquelle: Schubi-Webers-Bildungsmedien (siehe oben)

DIENES – Logische Blöcke
1000er-Grundsortiment aus Holz, Inhalt: 100 Einerwürfel,
10 Zehnerstangen, 10 Hunderterplatten, 1 Tausenderwürfel.
Best.-Nr. 21511
Bezugsquelle: Schubi-Webers-Bildungsmedien (siehe oben)

Geobrett, Geoboard B, beidseitig, rund und quadratisch, Best.-Nr. 912Gv,
Bezugsquelle: Betzold Versand, Veit-Hirschmann-Str. 12,
73479 Ellwangen

Arbeiten mit dem Geoboard, 20-seitiges Anleitungsheft.
Best.-Nr. 3963Gv
Bezugsquelle: Betzold Versand (siehe oben)

Zareki-Testverfahren zur Dyskalkulie.
Swets Test Services GmbH, Frankfurt/Main 2001

Danksagung

Wir danken Frau Dr. Andrea Schulz aus Berlin für ihre Bemühungen bei der Bildbeschaffung und ihre wertvollen Tipps zum Buchmanuskript.
Unser ganz besonderer Dank gilt Herrn Professor Hans-Dieter Gerster aus Freiburg für seine überaus sorgfältige Durchsicht des Buchmanuskripts und für seine zahlreichen konstruktiven Hinweise im mathematisch-didaktischen Bereich.
Und wir danken Frau Evelyne Schüpbach aus Zürich für die Abdruckgenehmigung des Fotos auf S. 40, das ihren Sohn Severin beim Auslegen von Material während der Therapie im DUDEN-PAETEC-Institut in Berlin zeigt.

Register

Wichtiger Hinweis:
Die im Buch veröffentlichten Ratschläge wurden mit größter Sorgfalt von Verfasserinnen und Verlag erarbeitet und geprüft. Eine Garantie kann jedoch nicht übernommen werden. Ebenso ist eine Haftung der Verfasserinnen bzw. des Verlages und seiner Beauftragten für Personen-, Sach- oder Vermögensschäden ausgeschlossen.

Bildnachweis:
Umschlagfoto: mauritius-images/Tunger
Fotos: Duden Patec Institut, Berlin/Werner Stoye S. 40; Ifa-Bilderteam/Diaf S. 6; mauritius-images/age fotostock S. 24/StockImage S. 130; Montessori-Shop im Internet S. 79; PhotoAlto S. 52, S. 64; Schubi Lernmedien AG, Schaffhausen S. 81–84, S. 85 oben; Spectra Verlag, Essen S. 85 unten; zefa/masterfile/Kathleen Finlay S. 76/ Henry S. 88.

Illustrationen (geometrische Formen): Jessica Schwarz
Grafiken (Handlungsteil): Michael Schwarz

Bibliografische Information Der Deutschen Bibliothek
Die Deutsche Bibliothek verzeichnet diese Publikation in der Deutschen Nationalbibliografie; detaillierte bibliografische Daten sind im Internet über http://dnb.ddb.de abrufbar.

Projektleitung: Caroline Colsman
Redaktion: Jeanette Stark-Städele
Herstellung: Dagmar Guhl
Bildredaktion: Sylvie Busche (Ltg.), Margit Schulzke
Umschlagskonzeption: ZERO-Werbeagentur, München
Satz: Verlagsservice Peter Schneider, Iffeldorf
Reproduktion: KaltnerMedia, Bobingen
Druck und Bindung: Appl OHG, Wemding

Ein Unternehmen der Droemerschen Verlagsanstalt Th. Knaur Nachf. GmbH & Co. KG München

Printed in Germany

ISBN 13: 978-3-426-64231-3
ISBN 10: 3-426-64231-X

5 4 3 2 1